Lern- und Übungsheft

Texte schreiben 5|6

Neue Ausgabe

Erarbeitet von

Floreen Brömel und
Karoline Heublein

Cornelsen

So arbeitest du mit dem Heft:

Strategien

Hier lernst du, wie du beim Schreiben von Texten vorgehst und welche Strategien dir beim Schreiben helfen.

Übungen

Hier kannst du selbstständig üben.

 verweist dich auf die Schritte im Strategieteil und auf den Umschlag-Innenseiten.

Im Lösungsteil findest du Musterlösungen.

Teste dich!

Mit den Checklisten kannst du deine selbst geschriebenen Texte überprüfen.

Wiederholen und vertiefen

○ ● Hier kannst du weiterüben, wenn du **noch nicht so sicher** beim Schreiben deiner Texte bist.

● ● Hier kannst du weiterüben, wenn du schon **sehr sicher** beim Schreiben deiner Texte bist.

Strategien auf einen Blick

findest du auf der vorderen Umschlag-Innenseite.

Merkwissen im Überblick

findest du auf der hinteren Umschlag-Innenseite.

Inhalt

Strategien

Schritt 1: Die Schreibaufgabe klären

Texte sind immer für Leserinnen und Leser gedacht und sollen ein bestimmtes Ziel erreichen. Damit du dieses Ziel erreichst, musst du dir folgende Fragen stellen:

Adressaten:	Für wen schreibst du, z. B. für Eltern, Lehrer, Freunde oder Zeitungsleser?
Thema:	Worüber schreibst du?
Ziel:	Sollen die Adressaten unterhalten, informiert oder zu etwas aufgefordert werden?
Schreibform:	Sollst du von dem Thema erzählen, berichten oder sollst du etwas beschreiben?
Vorwissen der Adressaten:	Was wissen die Adressaten bereits?

1 Lies die folgenden Schreibanlässe und bestimme Adressaten, Thema, Ziel, Schreibform und Vorwissen der Adressaten.

a) Ein Zeitungsjournalist schreibt über einen Bankraub.

Adressaten: _Zeitungsleser_

Thema: _____

Ziel: _____ Schreibform: _Berichten_

Vorwissen der Adressaten: _kein Vorwissen zu dem Ereignis_

b) Max bietet bei Ebay sein altes Fahrrad zum Verkauf an.

Adressaten: _____

Thema: _____

Ziel: _____ Schreibform: _____

Vorwissen der Adressaten: _____

c) Sara erzählt ihrem Opa eine Gruselgeschichte.

Adressat: _____

Thema: _____

Ziel: _____ Schreibform: _____

Vorwissen des Adressaten: _____

Schritt 2: Planen

Informationen sammeln

> Für das **Sammeln von Ideen und Informationen** zu deinem Thema hast du verschiedene Möglichkeiten.
>
> Ein **Cluster** (engl. Traube, Schwarm) hilft dir, Ideen zu einem bestimmten Thema zu finden. Bei einem Cluster schreibst du dein Thema in die Mitte eines Blattes. Darum herum sammelst du ungeordnet alle Begriffe, die dir zu diesem Thema einfallen.

1 Ergänze das folgende Cluster mit Stichpunkten, die dir zu diesem Thema einfallen.

2 Wähle zwei der folgenden Themen aus und lege zu ihnen Cluster in deinem Heft an:

☐ Blick in den Abgrund   ☐ In sengender* Hitze

☐ Ein schmerzhafter Sturz   ☐ Herzklopfen

* **sengend:** sehr heiß, brennend

Mit einer **Mindmap** (engl. Gedanken-Landkarte) sammelst du Informationen und Ideen zu einem Thema in geordneter Form. Dabei musst du deine Stichpunkte in **Oberbegriffe** und **Unterpunkte** ordnen.

3 Ergänze die Mindmap zum Thema „Nachts im Wald".

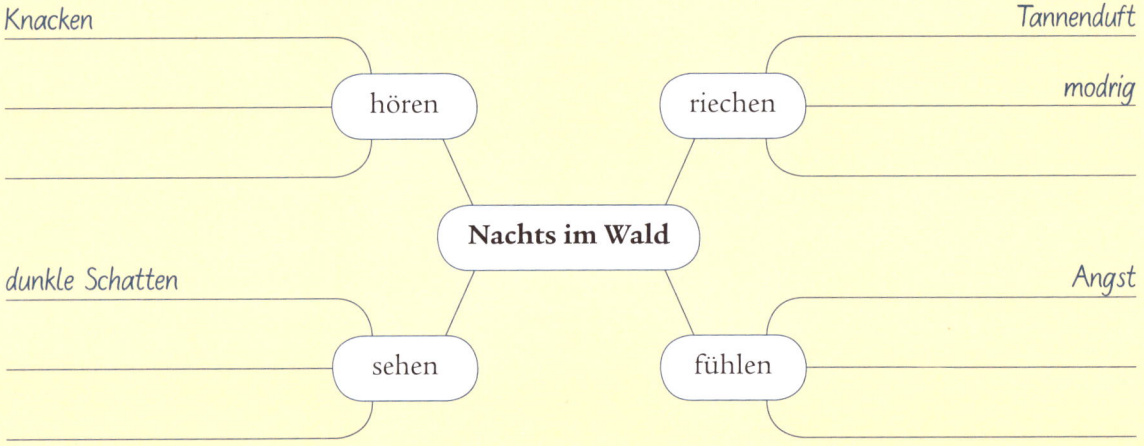

4 Sammle in Form einer Mindmap Stichpunkte zum Thema „Verschlafen".

a) Wähle aus der Wortliste in der Randspalte zwei Oberbegriffe aus. Trage sie in die Mindmap ein.

b) Ergänze passende Stichpunkte zu den Oberbegriffen. Du kannst auch Begriffe aus der Randspalte verwenden.

- Angst vor Lehrerin
- Gefühle
- aus dem Bett springen
- Verhalten
- peinlich
- Kakao runterstürzen

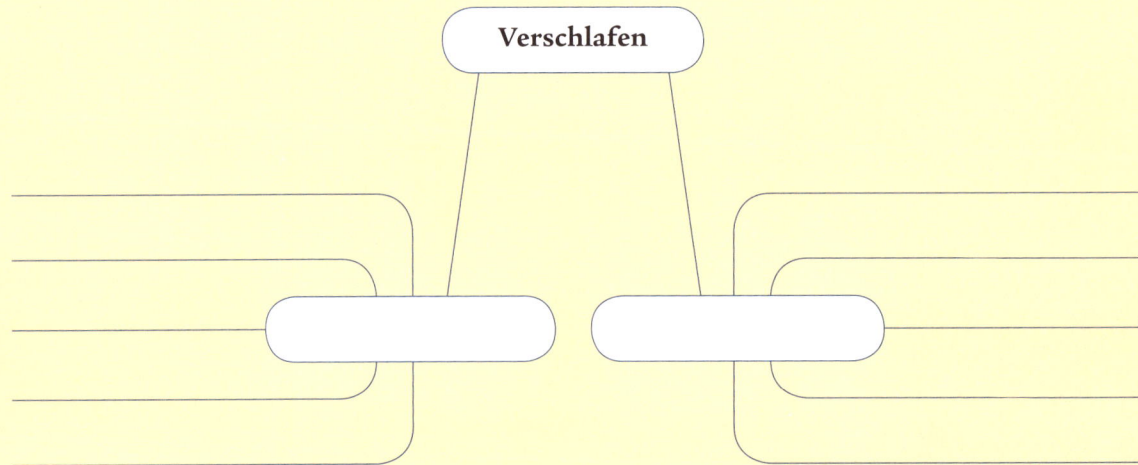

5 Sammle in einer Mindmap Stichpunkte zum Thema „Sturm". Schreibe in dein Heft.

> Mit einer **Tabelle** kannst du Informationen und Ideen in einer übersichtlichen Form sammeln. Dabei musst du die Tabelle in sinnvolle Zeilen und Spalten unterteilen.

6 Ergänze die Tabelle zum Thema „Ein Banküberfall".
Ordne dazu die Informationen aus der Randspalte passend ein.

Ein Banküberfall

Wer?	Was?	Wann?	Wo?	Wie?	Mit welchen Folgen?
zwei ältere Männer	in Bank eingebrochen			mit Glasschneidern	Polizei fahndet nach Tätern

- gestern Nacht
- Geld gestohlen
- Frankfurt
- gegen 0:00 Uhr
- Tresor geknackt
- Sparkasse

7 Sammle in Form einer Tabelle Stichpunkte zur Beschreibung deines Füllfederhalters.

Mein Füllfederhalter

Einzelteile	Form	Material	Farbe
Kappe			
Schaft*			
Feder			
Tintenpatrone			

8 a) Wähle eines der beiden folgenden Themen aus. Kreuze an.

☐ Meine Armbanduhr   ☐ Unser letztes Schulfest

b) Zeichne eine Tabelle mit einer passenden Spalten- und Zeileneinteilung in dein Heft.

c) Sammle Stichpunkte zu deinem Thema in der Tabelle.

* **Schaft:** Hauptteil des Füllfederhalters, in dem die Tintenpatrone steckt

Informationen bewerten und auswählen

Bevor du deine gesammelten Informationen und Ideen in einem Text verwendest, musst du sie **bewerten** und **auswählen**. Denke dabei immer an deine **Adressaten**, das **Thema**, das **Ziel**, die **Schreibform** und das **Vorwissen der Adressaten**.

Markiere die Informationen so:

+	darf nicht fehlen
+/–	kann, muss aber nicht erwähnt werden
~~Wort~~	ist überflüssig oder falsch
$\sqrt{}^1$, $\sqrt{}^2$, …	Informationen ergänzen

1 Stell dir folgenden Schreibanlass vor: Marie soll für ihre Oma, die ihr als Geburtstagsüberraschung eine Kanufahrt geschenkt hat, einen Erlebnisbericht über ihren Geburtstag schreiben.

a) Lies die Stichpunkte und sieh dir die Markierungen an.

b) Würdest du die Informationen genauso bewerten? Begründe.

c) Korrigiere die Markierungen, wenn du es für sinnvoll hältst.

Eine abenteuerliche Geburtstagsüberraschung

- *Freunde kommen*   +
- *Glückwünsche, Geschenke*   +
- *Umarmungen*   +
- ~~*Hund bellt im Garten*~~
- ~~*Mutter holt Gläser von der Nachbarin*~~
- ~~*Schokokuchen, Erdbeerkuchen, Marzipankuchen, Schlagsahne*~~ $\sqrt{}^1$
- *im Geburtstagskuchen versteckter Brief von Oma*   +/–
- *Überraschung: Gutschein für Kanufahrt*   +/–
- *Aufbruch zur Kanufahrt*   +
- *kurze Fahrt*   +
- *Ankunft beim Kanuverleih am Flussufer*   +
- *…*

$\sqrt{}^1$ *gemütliches Kaffeetrinken mit leckerem Kuchen*

2 Bewerte die Stichpunkte für die Fortsetzung des Erlebnisberichts.
Markiere sie wie im Beispiel gezeigt.

– *Schwimmwesten angezogen*

– *musste noch mal zur Toilette*

– *Kanus zum Fluss tragen*

– *Fahrradfahrer stürzt auf Radweg*

– *Sonne brennt*

– *Wasser eiskalt*

– *Kanus werden ins Wasser geschoben*

– *Kind schreit im Nachbargarten*

– *rutsche aus, falle kopfüber ins Wasser*

– *...*

3 a) Wie könnte es mit der abenteuerlichen Geburtstagsüberraschung weitergehen?
Sammle Stichpunkte in deinem Heft.

b) Bewerte deine Stichpunkte. Markiere sie, wie im Beispiel (↗ Seite 8) gezeigt.

Informationen ordnen

> Beim Ordnen deiner Stichpunkte musst du auf eine sinnvolle Reihenfolge achten.
> Dabei gibt es mehrere Möglichkeiten, z. B. **die Ordnung in Einleitung, Hauptteil** und **Schluss**,
> die Ordnung **nach dem zeitlichen Ablauf** (1., 2., 3., ...) oder die Ordnung **vom Allgemeinen
> zum Besonderen**.

1 Ordne die Stichpunkte zu einer Erzählung in Einleitung, Hauptteil und Schluss.
Nutze dazu die Tabelle auf ↗ Seite 10.

Auf einem alten Dachboden

Schreck – Spinnweben – dunkel – Besuch bei der Tante – Idee: heimlich nachts auf Dachboden gehen –

Vibrationsalarm von Max' Handy – Flattergeräusche – Übernachtung – zurück ins Bett –

hatte sich mit Omas Nachthemd und Faschingsperücke verkleidet – unheimlich – Ich-Erzähler/in,

Cousin Max, Cousine Mara – Max kommt lachend hinter Kleiderständer hervor – etwas,

vermutlich Eule oder Fledermaus, fliegt aus dem Fenster – knarrende Dielen – Erleichterung –

komisches Brummen – Mara und ich schreien vor Schreck laut auf – weiße Gestalt

Erzählung: Auf einem alten Dachboden

Einleitung	Hauptteil	Schluss

2 Die folgenden Stichpunkte ergeben eine Anleitung, wie man Pfeil und Bogen bauen kann. Bringe die Stichpunkte in die richtige Reihenfolge, indem du sie mit 1., 2., 3. ... nummerierst.

Pfeil: [__] *halben Korken auf das eine Ende stecken –* [__] *Ende mit Federn verzieren –* [__] *anderes Ende des Stabs mit Messer einkerben –* [__] *runden Stab besorgen, 0,5 mm Durchmesser und 30 cm lang*

Bogen: [__] *Nylonschnur am anderen Ende festknoten* [__] *Holzleiste an den Stirnseiten einkerben –* [__] *Holzleiste besorgen, 1 m lang, 2 cm breit, 3 mm dick –* [__] *Nylonschnur an einem Ende festknoten –* [__] *Nylonschnur spannen –* [__] *Nylonschnur besorgen, 1 m lang*

3 Ordne die Stichpunkte zur Beschreibung eines Füllfederhalters vom Allgemeinen zum Besonderen.

rot – leicht verbogene Feder – Firma xy – Patrone mit blauer Tinte – durchsichtige Kappe – Schaft etwas ausgeblichen – Füllfederhalter

Allgemeines ——————————————————————————▶ **Besonderes**

Füllfederhalter   *Patrone mit blauer Tinte*

Schritt 3: Schreiben

> Beim Schreiben eines Textes musst du immer an die **Adressaten**, die **Schreibform** und
> das **Schreibziel** denken, denn davon hängen der Inhalt deines Textes und die Wortwahl ab.
> Achte zudem auf eine saubere Handschrift, einen korrekten Satzbau und auf die
> richtige Schreibung.

1 a) Lies den Textausschnitt „Frühnebel".

b) Für welche Adressaten ist der Text geeignet und welches Ziel verfolgt er? Schreibe auf.

c) Um welche Schreibform (Erzählen, Beschreiben oder Berichten) handelt es sich bei dem Text?
Notiere es.

Frühnebel

Der Geruch von Sommer, Sonne und frischem Gras lag in der Luft. Das saftige Grün der Blätter
war ein Fest für die Augen nach so langer, kalter Winterzeit. Ließ man seine Blicke über den
Garten gleiten, bot sich ein verwunschenes Bild. Eine Korkenzieherhasel schlängelte sich dem
blassen Grau des Himmels entgegen. Die Vögel zwitscherten munter ihr Lied und dennoch
war die Kraft des Sommers nicht stark genug, die dicke Dunstschicht zu vertreiben …

Adressaten: _____

Ziel: _____

Schreibform: _____

2 Untersuche den Text und unterstreiche alle Wörter, die den Text besonders anschaulich machen.

3 a) Im Text werden viele anschauliche Sinneseindrücke wiedergegeben.
Unterteile die Sinneseindrücke in Hören, Sehen und Riechen.

Hören (Ohr): _____

Sehen (Auge): _____

Riechen (Nase): *Sommer,* _____

b) Lege in deinem Heft zu den drei Sinnen „Hören", „Sehen" und „Riechen" Cluster an und
ergänze weitere Sinneseindrücke, die zum Text „Frühnebel" passen.

(**Hören**)   (**Sehen**)   (**Riechen**)

flattern
wandern
fliegen
schweifen
gehen
huschen

4 a) Im Text „Frühnebel" (↗ Seite 11) findest du auch sehr aussagekräftige Verben. Kreise sie ein.

b) Lies noch einmal den 3. Satz des Textes (Zeile 2 f.). Durch welche Verben in der Randspalte könntest du das Verb *gleiten* ersetzen? Probiere aus, wie sich Aussage und Wirkung dadurch verändern.

c) Aussagekräftige Verben für deine Texte findest du, indem du Wortfelder zu diesen Verben erstellst. Schreibe die Verben *sehen, gehen* und *sagen* in dein Heft oder auf Karteikarten und suche möglichst viele Synonyme* zu ihnen.

Tipp

Lege eine Wörterbox an, in der du deine Wortfeld-karten alphabetisch ordnest. So kannst du immer wieder auf deine gesammelten Wörter zurück-greifen.

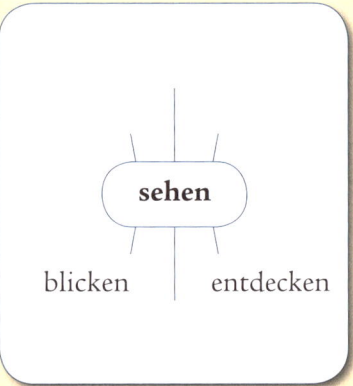

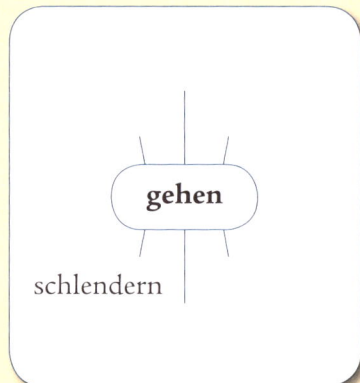

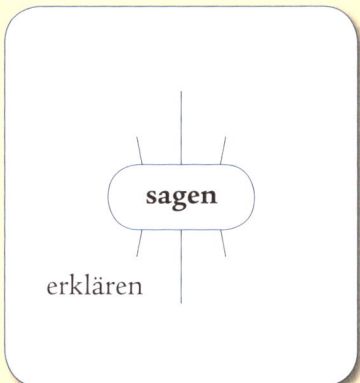

5 Schreibe eine kurze, sprachlich passende Fortsetzung des Textes „Frühnebel".
Formuliere mindestens drei Sätze.

6 a) Lies den Text „Elch stürmt im Supermarkt zum kühlen Bier".

b) Für welche Adressaten ist der Text geeignet und welches Ziel verfolgt er? Schreibe auf.

c) Um welche Schreibform (Erzählen, Beschreiben oder Berichten) handelt es sich bei dem Text? Notiere es.

Elch stürmt im Supermarkt zum kühlen Bier

Auch Elche suchen nach Abkühlung in der derzeitigen Hitzewelle. Im norwegischen Kongsvinger bei Oslo drang ein Tier zum Kühlregal eines Einkaufszentrums vor. Hier
5 verharrte der Elch eine Zeit lang vor einem Stapel mit kühlen Bierflaschen und ließ es da ein bisschen klirren. Als er sich nach ein paar Minuten abgekühlt hatte, ging er durch die geöffnete Supermarkttür wieder auf die
10 Straße und verschwand.

Adressaten: _____   Ziel: _____

Schreibform: _____

* **Synonyme:** Wörter mit ähnlicher Bedeutung

7 Stell dir vor, du sollst zum Thema des Textes „Elch stürmt im Supermarkt zum kühlen Bier" eine
Erzählung aus der Sicht einer Beobachterin / eines Beobachters schreiben.
Welche Gefühle könnte die beobachtende Person in dieser Situation haben? Nenne Beispiele.

Gefühle der Beobachterin / des Beobachters: _____

_____

8 a) Ordne den Gefühlen in der linken Spalte alle passenden Beschreibungen aus der rechten
Spalte zu. Ziehe Verbindungslinien.

Er hatte Schmetterlinge im Bauch.

Sie wurde käseweiß.

Er hatte Schweißperlen auf der Stirn.

Angst/Furcht — Ihre Hände wurden feucht.

Er war sprachlos.

Glück/Freude — Ein Lächeln huschte über ihr Gesicht.

Seine Augen leuchteten.

Erstaunen/Verwunderung — Ihre Knie zitterten.

Ihm lief ein kalter Schauer über den Rücken.

Ihr Atem stockte.

b) Suche selbst passende Beschreibungen zu den Gefühlen *Wut, Trauer, Belustigung*.

Wut	Trauer	Belustigung

9 a) Schreibe nun zwei kurze Erzählanfänge zum Thema „Elch stürmt im Supermarkt zum kühlen
Bier" aus der Sicht einer Beobachterin / eines Beobachters. Wähle dabei zwei der folgenden
Möglichkeiten aus:

A Die Beobachterin / der Beobachter ist über den Supermarktbesuch des Elchs belustigt.

B Die Beobachterin / der Beobachter ist verwundert.

C Die Beobachterin / der Beobachter ist erschrocken.

b) Vergleiche deine Ergebnisse miteinander. Wie unterscheidet sich deine Wortwahl in den
beiden Texten?

Schritt 4: Überarbeiten

Beim Überarbeiten deines Textes überprüfst du alle Punkte, die du auch beim Schreiben beachten sollst. Um dich in deinen Korrekturen zurechtzufinden, helfen dir folgende Korrekturzeichen:

Korrekturzeichen

Fehlerart	Markierung im Text	Korrektur am Rand
Rechtschreibung, Grammatik	Unterstreichung: _____ *Überaschung*[1], *er gibt ihn*[2] *seinen ..., ...*	[1]*Überraschung,* [2]*ihm, ...*
unpassende oder falsche Formulierung	Unterringelung: *freut sich voll drauf*[1]*, ein olles*[2] *Boot,*	[1]*sehr darauf,* [2]*altes, ...*
Ergänzungen/ Einfügungen	Ergänzung: $\sqrt{}^1$, $\sqrt{}^2$, $\sqrt{}^3$, ... *ein* $\sqrt{}^1$ *Abhang, ...*	$\sqrt{}^1$ *steiler, ...*
Veränderung der Reihenfolge	Nummerierung: (1), (2), ... (2) *Paul kommt hinterher.* (1) *Mara läuft in den Garten.*	(1) *Mara läuft in den Garten.* (2) *Paul kommt hinterher.*

1 a) Sieh dir den ersten, bereits korrigierten Absatz des Textes „Eine abenteuerliche Geburtstags-überraschung" an. Kannst du die Korrekturen nachvollziehen?

Eine abenteuerliche Geburtstagsüberraschung

Endlich war mein lang ersehnter Geburstag[1] gekommen!   [1] Geburtstag
Ich hatte mir[2] schon voll drauf[3] gefreut, denn es sollte bei   [2] mich
der Feier eine große Überaschung[4] geben.   [3] sehr darauf
$\sqrt{}^1$ Nach fielen[5] Glückwünschen und Geschenken setzten wir   [4] Überraschung
5 uns zum Kuchenessen zusammen. Was meine Eltern wohl   [5] vielen
geplant haben rätseln wir.[6] Plötzlich endeckte[7] ich im   [7] entdeckte
Geburtstagskuchen eine Walnuss. In der Nuss steckte ein
Zettel von Oma. (2) Die Überaschung[8] war geglückt!   [8] Überraschung
(1) Auf diesem stand, dass am Fluss Kanus für eine Kanu-
10 tour für uns reserviert seien ...

$\sqrt{}^1$ Gleich nach der Schule trafen alle meine Freunde ein.

[6] Wir rätselten, was meine Eltern wohl geplant haben könnten.

(1) Auf diesem stand, dass am Fluss Kanus für eine Kanutour für uns reserviert seien.
(2) Die Überraschung war geglückt!

---

b) Schreibe den Text fehlerfrei und in einer gut lesbaren Handschrift in dein Heft.

2 a) Überprüfe die Fortsetzung des Textes auf Rechtschreib-, Grammatik- und Ausdrucksfehler. Markiere und korrigiere die Fehler wie im Beispiel auf ↗ Seite 14.

b) Schreibe den Text nun noch einmal fehlerfrei und in einer gut lesbaren Handschrift in dein Heft.

> Jubelnd sprangen wir auf und vielen uns in die Arme. Ein lang ersehnter Wunsch ging für mich in Erfüllung! Und gleich sollte es losgehen.
>
> Nach einer kleinen Fahrt kamen wir beim Kanuverlei an. Wir alle mussten Schwimmwesten anzien. Nachdem der Verleier kurz etwas über Regeln und so gelabert hatte, trugen wir gemeinsam die Boote zun Flussufer. Die Sonne brannte ziemlich auf uns herunter und wir begannen unter der Last der Kanus sofort zu schwitzen. Das Wasser allerdings war eisig kalt. Langsam schoben wir die Kanus in den Fluss. Ich setzte vorsichtig einen Fuß vor den anderen. Doch plötzlich trat ich auf etwas Glitschiges, einen Stein oder so was. Ich rutschte aus, klammerte mich noch kurz am Kanu fest, stolperte und fiel kopfüber ins Wasser.

Übungen

Nacherzählen

1 Lies die Erzählung.

Rosis Verwandlung

Bald waren Herbstferien und Elisa konnte es kaum erwarten, zu Oma Ursula, Dackel Fips und Schweinchen Rosi aufs Dorf zu fahren. Der Hof ihrer Großmutter war

5 Elisas liebster Spielplatz. Dort konnte sie den ganzen Tag draußen sein und mit den

Tieren spielen. Aber vor allem wollte sie mal wieder mit Rosi richtig herumtoben.
Alle freuten sich über ihre Ankunft und begrüßten sie schon am Tor: Oma Ursula, Fips und selbst die Enten watschelten Elisa schnatternd entgegen. Nur eine fehlte. Elisa drückte ihre

10 Großmutter, streichelte den Hund und fragte dann, wo ihre kleine Rosi blieb. Suchend blickten ihre Augen über den Hof. Voriges Jahr war Rosi ihr auf Schritt und Tritt gefolgt wie ein Hund. Nun war das kleine rosa Schweinchen nirgends zu entdecken. „Du wirst sie schon noch sehen, zu übersehen ist sie jedenfalls nicht. Komm erst mal herein, ich habe deinen Lieblingskuchen gebacken", sagte Oma. Gemeinsam aßen sie am großen Küchentisch Quarkkuchen und tranken

15 heiße Schokolade. Elisa durfte auf dem alten Sofa sitzen. „Weißt du noch", erinnerte sich Elisa, „Rosi hat sonst kein Kaffeetrinken ausgelassen und immer neben mir gesessen, bis sie meine Krümel vom Teller lecken durfte." Oma schmunzelte, sagte aber nichts.
‚Hatte man sie gegen ihren Willen geschlachtet?', schoss es Elisa durch den Kopf. „Was guckst du denn so komisch, du hast sie doch nicht etwa zu Kotelett verarbeitet, solange ich weg war?",

20 fragte Elisa und sah ein bisschen traurig aus. „Nein, nein! Sie wird sicher riechen, dass du da bist oder gleich den Kuchen schnuppern und angerannt kommen", sagte Oma beruhigend.
Elisa war ganz aufgeregt. Ein Jahr hatte sie ihre vierbeinige Freundin nicht mehr gesehen. Sie dachte daran, wie das Ferkel in der Nacht neben ihr im Körbchen geschlafen und ab und zu geschnieft hatte. Das war so niedlich. Hoffentlich sagte Oma auch die Wahrheit. Ein bisschen

25 Sorgen machte sie sich schon.
Plötzlich flog die Tür auf und ein Grunzen war zu hören. Elisa stand auf, um über die Tischplatte zu schauen. Sie stand jedoch nicht lange. Rosi sprang – wie auch im letzten Jahr – neben Elisa aufs Sofa, nur dass dieses Mal der Platz kaum ausreichte und sie beide unten auf dem Boden landeten, weil das Sofa durchbrach. Oma lachte laut und rief: „Hier hast du dein kleines

30 rosa Schweinchen!" Elisa schrie erschrocken auf: „Ach du meine Güte, du bist ja ein richtig fettes Schwein geworden!" und tätschelte ihren Rücken.
Rosi und Elisa verbrachten den restlichen Tag draußen vor Omas Küchenfenster. „Rosi ist ja mächtig schnell gewachsen! Jetzt kann sie nicht mehr neben mir im Körbchen schlafen!", rief sie Oma zu. „Gut, dass du das einsiehst!", gab Oma zurück. Da mussten beide herzlich lachen.

Allgemeine Merkmale des Erzählens

2 a) Schreibe auf, für wen sich die Geschichte eignet und welches Ziel sie erfüllt.

Adressaten: _____

Ziel: _____

b) Was gefällt dir besonders gut an der Geschichte? Schreibe Stichpunkte.

_____

_____

_____

3 Um eine Geschichte nacherzählen zu können, musst du den Inhalt und den Aufbau der Geschichte untersuchen.

a) Welche Figuren stehen im Mittelpunkt der Geschichte? Notiere Stichpunkte.

_____

_____

b) Was erlebte Elisa mit dem Schwein Rosi vor einem Jahr? Schreibe ganze Sätze.

Das Schwein folgte Elisa auf Schritt und Tritt. _____

_____

_____

c) Was erlebt Elisa bei diesem Besuch ein Jahr später? Schreibe ganze Sätze.

_____

_____

_____

d) Zu welcher Erkenntnis gelangt Elisa in der Geschichte? Antworte in einem Satz.

_____

_____

4 Untersuche nun den Aufbau der Erzählung „Rosis Verwandlung" (➚ Seite 16).

a) Markiere Einleitung, Hauptteil und Schluss mit unterschiedlichen Farben.

b) Formuliere für jeden Abschnitt des Textes eine passende Teilüberschrift.

1. Abschnitt: *Freude auf den Urlaub bei der Oma*

2. Abschnitt: _____

3. Abschnitt: _____

4. Abschnitt: _____

5. Abschnitt: _____

c) Jede gute Erzählung hat eine Spannungskurve. Welche der folgenden Zeichnungen gibt die Spannungskurve von „Rosis Verwandlung" am besten wieder? Kreuze an.

☐   ☐   ☐

d) Die spannendste Stelle einer Geschichte nennt man Höhepunkt.
Unterstreiche den Höhepunkt in der Erzählung „Rosis Verwandlung" (➚ Seite 16).

5 In welcher Zeitform (Tempus) ist die Erzählung geschrieben? Kreuze an.

☐ Präsens   ☐ Präteritum

6 **a)** Du sollst die Erzählung „Rosis Verwandlung" in eigenen Worten nacherzählen.
Lies zunächst die Punkte im Merkkasten.

b) Schreibe nun eine Nacherzählung der Geschichte in dein Heft.

Nacherzählen

Beim **Nacherzählen** gibst du eine Geschichte mit **eigenen Worten** wieder. Damit die Nacherzählung die Leserinnen und Leser über den Text informiert und sie gleichzeitig unterhält, musst du möglichst genau und anschaulich nacherzählen.

Gehe in folgenden Schritten vor:

1 Untersuche **Inhalt und Aufbau** der Geschichte, die du nacherzählen möchtest. Mache Stichpunkte.

2 Schreibe die Nacherzählung auf der Grundlage deiner Stichpunkte. Verwende dabei **eigene Worte** und schreibe die Geschichte nicht ab.

3 Verwende die gleiche **Zeitform** wie in der Vorlage.

4 Verwende **wörtliche Rede** dort, wo sie auch in der Vorlage ist.

Erlebnisse erzählen: Alltägliches

Die Schreibaufgabe klären

1 Du sollst für einen Vorlesetag in einer ersten Klasse zum Thema „Überraschungen" eine nette, für kleine Kinder geeignete Geschichte über euren letzten Wandertag schreiben.

Schreibe Stichpunkte zu den folgenden Punkten.

→ **Schritt 1**

Adressaten: _____

Thema: _____

Ziel: _____   Schreibform: _____

Die Erzählung planen

2 a) Lies dir die drei Stichpunktzettel mit Notizen zu einem Wandertag durch.

b) Welchen Stichpunktzettel würdest du als Grundlage für eine Geschichte zum Thema „Überraschungen" auswählen? Begründe.

→ **Schritt 2**

Planen –
Ideen sammeln

❶

- ◗ Ausflug am Wandertag
- ◗ Picknick zum Thema „Grün"
- ◗ jeder hat etwas Grünes zu essen mitgebracht
- ◗ sehr interessant und sehr lecker

❷

- ◗ Ausflug am Wandertag
- ◗ Hügelbesteigung
- ◗ wunderschöner Blick auf das Dorf
- ◗ Menschen sehen aus wie Ameisen
- ◗ stellen uns vor, was im Minidorf gerade passieren könnte

❸

- ◗ Ausflug am Wandertag
- ◗ Rast mit Picknick
- ◗ Aufgabe, Bäume abzuzeichnen
- ◗ Rascheln hinter Gebüsch
- ◗ niedliche Hasenfamilie hoppelt heraus

Begründung: _____

_____

_____

3 a) Plane deine Erzählung. Ergänze dazu den Schreibplan mit Informationen aus dem ausgewählten Stichpunktzettel.

b) Ergänze fehlende Informationen zum Ort, zu den Personen und zu weiteren Erzählschritten.

Schreibplan

Adressaten: _____

Schreibziel: _____

Thema: _____

Ort: _____

_____

Zeit: _____

Personen: _____

_____

_____

Erzählschritte: _____

_____

_____

_____

_____

_____

_____

---

4 Wähle aus deiner Stichpunktsammlung die Informationen aus, die du für deine Erzählung verwenden willst. Denke bei der Auswahl an deine Adressaten und markiere die Informationen so, wie auf der vorderen Umschlag-Innenseite gezeigt.

5 a) Ordne deine Stichpunkte den drei Teilen einer Erzählung, Einleitung, Hauptteil und Schluss, zu. Übertrage dazu die Tabelle von ↗ Seite 10 in dein Heft.

b) Überprüfe deine Zuordnung mit Hilfe des folgenden Merkkastens. Musst du Stichpunkte anders zuordnen oder noch weitere Informationen ergänzen? Überarbeite die Tabelle.

c) Unterstreiche die Informationen im Hauptteil, die zum Höhepunkt (der spannendsten Stelle) deiner Erzählung gehören.

→ **Schritt 2**

Planen –
Ideen ordnen

> **Erlebnisse erzählen**
>
> In einer **Erlebniserzählung** erzählst du etwas, was du tatsächlich erlebt hast oder was du oder jemand anderes erlebt haben könnte.
>
> In der **Einleitung** stellst du die Ausgangssituation mit Ort, Zeit und Personen vor.
>
> Im **Hauptteil** (Erzählkern) führst du die Handlung Schritt für Schritt auf den **Höhepunkt** (die spannendste Stelle) zu. Dabei entwickelst du eine **Spannungskurve**.
>
> Erzähle im **Schluss**, wie die Handlung ausgeht.
>
> Schreibe im **Präteritum**.

Die Erzählung schreiben

1 Schreibe eine Einleitung zu deiner Erzählung in dein Heft. Beachte dabei die Punkte im Merkkasten. Du kannst auch einen der folgenden Anfänge nutzen.

→ **Schritt 3**

- An unserem letzten Wandertag ...

- Wie immer an unserem Wandertag ...

- Anders als an unserem letzten Wandertag ...

- Ihr glaubt nicht, was uns an unserem letzten Wandertag passiert ist ...

- Eigentlich hatten wir dieses Mal gar keine Lust, schon wieder ...

2 Beim Schreiben musst du dich besonders auf den Hauptteil (Erzählkern) konzentrieren. Damit deine Leserinnen und Leser die Spannung nachempfinden können, ist es wichtig, den Erzählkern mit Gefühlen und Sinneseindrücken auszuschmücken.

a) Schlage im Strategieteil (↗ Seite 13) nach, wie man z. B. Angst, Freude oder Verwunderung ausdrücken kann.

b) Überlege, wie man Überraschung ausdrücken könnte. Scheibe Stichpunkte.

3 Schreibe den begonnenen Erzählkern ab und setze ihn fort. Überlege dabei, was die beteiligten Personen wahrnehmen und fühlen. Beschreibe die Gefühle und Sinneseindrücke anschaulich.

Nach einem kleinen Picknick verteilte Frau Möller Zeichenblöcke und Bleistifte und gab uns den Auftrag, interessant aussehende Bäume zu suchen und diese abzuzeichnen. Wir schwärmten sofort in kleinen Gruppen aus und suchten nach geeigneten Bäumen. Simon, Jana und ich fanden eine knorrige, alte Eiche, machten es uns im Gras bequem und hatten gerade unsere Zeichenblöcke aufgeschlagen. Da hörten wir plötzlich ein leises Rascheln im Gebüsch ...

4 Auch wörtliche Rede macht eine Geschichte spannend.
Schreibe in die Sprechblasen, was die Personen gesagt haben könnten, als sie das Rascheln hörten.

5 a) Markiere in deinem Erzählkern die Stellen, an denen du wörtliche Rede einfügen möchtest.

Beispiel:

Plötzlich raschelte es im Gebüsch. √¹ Sofort drehten wir uns alle um ...

√¹ "Was ist das?", rief Jana starr vor Schreck.

b) Formuliere die wörtliche Rede aus und schreibe sie unter deinen Text.

c) Schreibe deinen Erzählkern noch einmal mit der wörtlichen Rede ab.
Achte auf die Zeichen der wörtlichen Rede.

Zeichen der
wörtlichen
Rede:

~~~~: „___.“
„___“, ~~~~.
„___“, ~~~~?
„___“, ~~~~!
„___.“

6 Formuliere nun den Schluss deiner Erzählung. Beachte die Punkte im Merkkasten (↗ Seite 21).

7 Suche eine passende Überschrift, die deine Leserinnen und Leser neugierig macht, z. B.:

Die Osterüberraschung   Das Rascheln im Gebüsch   Ein Wandertag mit Überraschungen

Die Erzählung überarbeiten

1 Überprüfe deine Erzählung mit Hilfe der Checkliste auf ↗ Seite 36 f.   → **Schritt 4**

2 Markiere die Stellen im Text, die du verändern oder verbessern willst.
Verwende dafür die Korrekturzeichen auf der Innenseite des vorderen Umschlags.

3 Die Erzählung soll deine Leserinnen und Leser nicht langweilen. Darum ist eine abwechslungsreiche Wortwahl wichtig.

Suche Synonyme* zu den Verben *sagen, gehen, sehen.*

sagen: *meckern, fragen,* _____

gehen: *schlendern,* _____

sehen: *erspähen,* _____

4 Unterstreiche in deiner Erzählung alle Verben, die sich wiederholen. Suche Synonyme*.

5 Auch abwechslungsreiche Adjektive tragen dazu bei, die Erzählung für deine Leserinnen und Leser anschaulich zu machen.

Suche zu den folgenden Nomen passende Adjektive, die das Nomen anschaulich beschreiben.

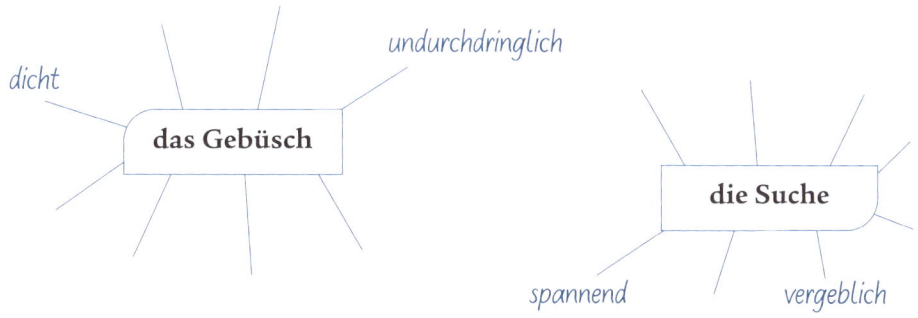

6 Markiere die Textstellen in deiner Erzählung, die du mit anschaulichen Adjektiven noch interessanter gestalten kannst.

7 Schreibe nun den überarbeiteten Text vollständig und sauber in dein Heft.
Achte auch auf einen korrekten Satzbau und die richtige Schreibung.

* **Synonyme:** Wörter mit ähnlicher Bedeutung

Erlebnisse erzählen: Unheimliches

Die Schreibaufgabe klären und die Erzählung planen

Schritt 1 ←

1 Du sollst für die nächste Lesenacht in eurer Klasse ein unheimliches Erlebnis erzählen. Mache zunächst Stichpunkte zu den folgenden Punkten.

Adressaten: _____

Thema: _____

Ziel: _____   Schreibform: _____

Schritt 2 ←

Planen –
Ideen sammeln

2 Übertrage das Cluster in dein Heft und ergänze es mit Stichpunkten zum Thema „Schreck um Mitternacht".

3 a) Lege in deinem Heft einen Schreibplan (↗ Seite 20) an. Trage deine Stichpunkte ein.

    b) Ergänze fehlende Informationen zum Ort, zu den Personen und zu weiteren Erzählschritten.

Schritt 2 ←

Planen – Ideen
auswählen
und ordnen

4 Wähle aus deiner Stichpunktsammlung die Informationen aus, die du für deine Erzählung verwenden willst. Denke bei der Auswahl an deine Adressaten und markiere die Informationen, die du benötigst.

5 a) Ordne deine ausgewählten Stichpunkte Einleitung, Hauptteil und Schluss zu. Lege dazu in deinem Heft eine Tabelle an (↗ Seite 10).

    b) Unterstreiche die Stichpunkte, die zum Höhepunkt der Erzählung gehören.

Die Erzählung schreiben

1 Formuliere die Einleitung zu deiner Erzählung. Du kannst folgendermaßen beginnen: → **Schritt 3**

- Dieses Jahr hatte ich endlich meine Eltern überzeugt, dass ich mit Tom, Simon und Carl alleine auf Rügen zelten durfte …

- Auf den Zelturlaub mit Tom, Simon und Carl hatte ich mich schon lange gefreut …

- Zelturlaub war schon immer mein Traum gewesen …

- Wie jedes Jahr fuhr ich auch dieses Mal zusammen mit Tom, Simon und Carl ins Ferienlager an die Ostsee …

2 a) Lies den Anfang des Hauptteils (Erzählkerns). Was fällt dir auf?

Doch gleich in der ersten Nacht passierte etwas Unheimliches: Es war fast Mitternacht, wir waren gerade dabei einzuschlafen, als wir durch ein seltsames Geräusch wieder geweckt wurden. Wir waren alle mit einem Schlag hellwach. „Was war das?", sagte Carl. Tom sagte: „Du hast geträumt, ich habe nichts gehört." „Aber da war ein Geräusch", sagte Carl, „sonst wäre ich nicht wach geworden." „Warum hört man dann jetzt nichts mehr?", sagte Tom. „Ich habe Angst.", sagte ich. „Jetzt reicht es aber, seid nicht solche Feiglinge!", sagte Tom …

b) Welche Wirkung hat die direkte Rede hier? Kreuze alle richtigen Aussagen an.

- ☐ Sie erzeugt einen Spannungsbogen.

- ☐ Der Text wirkt dadurch lebendiger und anschaulicher.

- ☐ Sie gibt wichtige Informationen wieder.

- ☐ Leserinnen und Leser können sich in die Situation der Figuren besser hineinversetzen.

- ☐ Die Handlung wird beschleunigt.

c) In den Redebegleitsätzen wird immer das Wort *sagen* verwendet.
Durch welche, aussagekräftigeren Verben kannst du *sagen* ersetzen?
Sammle Ideen in Form eines Clusters.

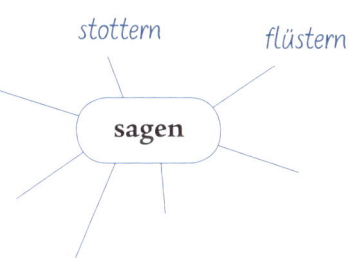

d) Schreibe den Anfang des Erzählkerns ab und ersetze das Wort *sagen* in den Redebegleitsätzen durch passende Verben.

3 a) Wie könnte die Unterhaltung der drei Jungen weitergehen?
Ergänze in der Fortsetzung des Textes die wörtliche Rede.

b) Ergänze in den Redebegleitsätzen passende Verben des Sagens.

Nur das Licht vom Leuchtturm erhellte in regelmäßigen Abständen unser Zelt. Da war es

wieder, das Geräusch. Ruckartig drehte ich mich um und blickte in die Richtung, aus der das

Rascheln gekommen war. „ _____

_____ ?“, _____ ich erschrocken. Nun wachten auch Carl und Tom auf.

5 Carl _____ genervt: „ _____

_____ .“ Als ich gerade dabei war, ihm leise die Situation zu erklären,

drückte sich etwas durch die enge Reißverschlussöffnung unseres Zeltes. Wir krochen eng

zusammen und rutschten bis in die äußerste Ecke des Zeltes. „ _____

_____ “, _____ Tom ängstlich

10 in mein Ohr. Ich _____ leise: „ _____

_____ ?“ Da wurde plötzlich leise der Reißverschluss aufgezogen. Endlich fiel ein Licht-

strahl aus Toms Hand in Richtung Zeltausgang und alle mussten lachen, als sie die Ursache

der nächtlichen Störung erkannten. „ _____ !“,

_____ Carl erleichtert. Simon hatte vorsichtig seinen Kopf durch die Lücke im

15 Reißverschluss gezwängt und hing nun fest …

4 a) Schreibe nun eine Erlebniserzählung zum Thema „Schreck um Mitternacht“.
Achte im Erzählkern auf die anschauliche Beschreibung von Sinneseindrücken und Gefühlen
und den Einsatz von wörtlicher Rede zur Steigerung der Spannung.

b) Formuliere einen Schluss für deine Erzählung.

c) Suche eine passende Überschrift, die Aufmerksamkeit erregt, aber nicht zu viel verrät.

Die Erzählung überarbeiten

Schritt 4 ← **1** Überprüfe deine Erlebniserzählung mit Hilfe der Checkliste auf ↗ Seite 36 f.

2 Überarbeite den Text und schreibe ihn vollständig und sauber in dein Heft.
Achte dabei auf einen korrekten Satzbau und die richtige Schreibung.

Erlebnisse erzählen: Tierisches

Die Schreibaufgabe klären

1 Du sollst für ein Geschichtenbuch eurer Klasse eine Erzählung zum Thema „Erlebnisse mit Tieren" schreiben. Grundlage für deine Erzählung ist folgende Reizwortkette:

→ **Schritt 1**

Waldspaziergang im Winter – Pappkarton – Katzenbabys

Mache zunächst Stichpunkte zu den Adressaten, zum Thema, zum Ziel und zur Schreibform.

Adressaten: _____

Thema: _____

Ziel: _____   Schreibform: _____

Die Erzählung planen

2 Lege in deinem Heft einen Schreibplan an (↗ Seite 20) und ergänze Stichpunkte, die zu den Reizwörtern passen.

→ **Schritt 2**

Planen – Ideen sammeln

3 Sammle weitere Ideen zu deiner Erzählung, indem du die Mindmap ergänzt.

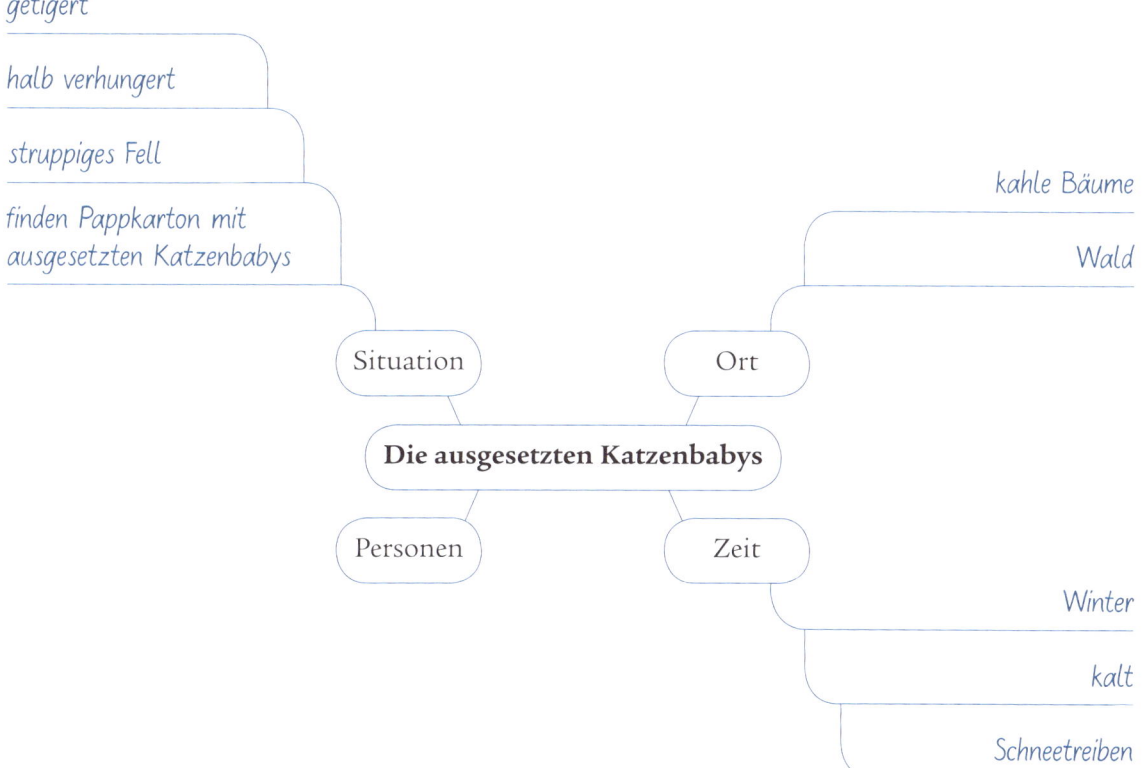

getigert

halb verhungert

struppiges Fell

finden Pappkarton mit ausgesetzten Katzenbabys

kahle Bäume

Wald

Situation   Ort

Die ausgesetzten Katzenbabys

Personen   Zeit

Winter

kalt

Schneetreiben

Schritt 2 ←

Planen – Ideen
auswählen
und ordnen

4 Wähle aus deiner Stichpunktsammlung (↗ Seite 27) die Informationen aus, die du für deine Erzählung verwenden willst.

5 Ordne die ausgewählten Stichpunkte in deinem Heft in Einleitung, Hauptteil und Schluss und markiere die Stichpunkte, die zum Höhepunkt der Geschichte gehören.

Die Erzählung schreiben

Schritt 3 ←

1 Schreibe eine Einleitung für die Erzählung zum Thema „Die ausgesetzten Katzenbabys".
Du kannst folgende Erzählanfänge nutzen:

- Eigentlich hatte ich gar keine Lust, schon wieder mit meinen Eltern spazieren zu gehen, …

- Normalerweise durften wir nicht alleine in den Wald gehen, aber …

2 a) Ergänze die fehlenden Erzählschritte in Stichpunkten.

b) Mach dir Notizen, was die beteiligten Personen bei den einzelnen Erzählschritten hören, sehen und fühlen.

Erzählschritte	Hören	Sehen	Fühlen
Ankunft im Winterwald		mit Schnee bedeckte Bäume	eiskalter Wind
Gang durch dichtes Gebüsch	Schnee knirscht, leises Fiepen		
Entdeckung des Pappkartons			
			struppiges Fell

3 Formuliere nun den Hauptteil.
Denke dabei an:

- die anschauliche Beschreibung von Sinneseindrücken und Gefühlen und

- den Einsatz der wörtlichen Rede zur Steigerung der Spannung.

4 a) Schreibe den Schluss der Erzählung.

b) Suche eine spannende Überschrift, die nicht zu viel verrät.
Du kannst auch eins der folgenden Beispiele nutzen:

- Ein trauriger Fund

- Ein aufregender Winterspaziergang

- Ein seltsamer Pappkarton

Die Erzählung überarbeiten

1 Überprüfe deine Erlebniserzählung mit Hilfe der Checkliste ↗ Seite 36 f.

→ **Schritt 4**

2 Markiere die Stellen im Text, die du verändern oder verbessern willst.
Verwende dafür die Korrekturzeichen auf der vorderen Umschlag-Innenseite.

3 a) Überprüfe noch einmal alle Satzanfänge in deinem Text.
Hast du sie abwechslungsreich gestaltet oder gibt es unnötige Wiederholungen? Markiere sie.

b) Überarbeite die Satzanfänge, falls notwendig.
Du kannst auch die folgenden Satzanfänge als Anregung nutzen.

Plötzlich ...	Inzwischen ...	Etwas später ...
In diesem Moment ...	Währenddessen ...	Hinterher ...
Gerade da ...	Nebenbei ...	Anschließend ...
Auf einmal ...	In dieser Zeit ...	Kurz darauf ...

4 Überarbeite den gesamten Text und schreibe ihn vollständig und sauber in dein Heft.
Achte auch auf einen korrekten Satzbau und die richtige Schreibung.

Fantasiegeschichten erzählen

1 Lies den Textauszug aus einer Fantasiegeschichte.

Großmeister Bertram fluchte in seinen gekringelten Pausebart hinein. Seine langen Ohrläppchen wackelten wild am Kopf hin und her, sodass man glaubte, sie würden jeden Moment abfallen. Er war nur ganz winzig, im saftigen Gras kaum zu sehen, weil er nicht größer als ein halb ausgewachsener Grashalm war, aber man hörte sein Nörgelgewitter über ganz Fantalusien. Dem kleinen Wiesengnom, der im Land für Ordnung sorgte, war wieder einmal etwas in die Quere gekommen. Er stürzte in seinen Schuhen, die aussahen wie ausgetretene Zuckertüten, zum Brunnen. Denn dort war etwas Merkwürdiges geschehen ...

2 a) Wie gefällt dir der Auszug aus der Geschichte? Begründe dein Urteil.

_____

_____

b) Was fällt dir an der Sprache des Textes auf? Unterstreiche alle Auffälligkeiten.

c) Was stellst du dir unter den folgenden zusammengesetzten Nomen vor?
Notiere deine Vorstellungen in Stichpunkten.

Pausebart: _____

Nörgelgewitter: _____

d) Kannst du dir die Hauptfigur des Textes gut vorstellen?
Kreuze an und belege deine Einschätzung mit Textstellen.

☐ Ich kann mir die Figur gut vorstellen.

☐ Ich kann mir die Figur nicht gut vorstellen.

Textstellen: Zeile ____ , Zeile ____ , Zeile ____

Fantasiegeschichten erzählen

Im Unterschied zu einer Erlebniserzählung kann eine Fantasiegeschichte auch **Unwirkliches** enthalten. Ziel einer Fantasiegeschichte ist es, die Leserinnen und Leser in eine Welt der Träume und Abenteuer zu locken.

Da Zeit, Raum und Figuren oft nicht realistisch sind, musst du sie besonders genau beschreiben, damit deine Leserinnen und Leser sich etwas vorstellen können. Dabei helfen dir Vergleiche, aussagekräftige Adjektive, Verben und Wortschöpfungen.

Die Schreibaufgabe klären

1 Du sollst für eine Sonderausgabe eurer Schülerzeitung zum Thema „Träume" eine Fantasiegeschichte schreiben.

Schreibe zunächst Stichpunkte zu den Adressaten, zum Thema, zum Schreibziel und zur Schreibform. Schreibe in den Schreibplan unten.

→ **Schritt 1**

Die Geschichte planen

2 Grundlage für deine Fantasiegeschichte zum Thema „Träume" ist die Reizwortkette:

Tiefschlaf – Klopfgeräusche – Luftzug – seltsame Gestalt – Schreibtischschublade

Plane deine Erzählung. Ergänze dazu den folgenden Schreibplan.

→ **Schritt 2**

Planen – Ideen sammeln

Schreibplan

Adressaten: _____

Thema: _____

Ziel: _____

Schreibform: _____

Ort: _____

_____

Zeit: _____

_____

Personen: _____

_____

_____

Erzählschritte: _____

_____

_____

_____

_____

_____

seltsame
Gestalten:
- Kobold
- Fee
- Außer-
  irdischer
- Roboter
- Geist
- Fabeltier

3 Damit sich deine Leserinnen und Leser die seltsame Gestalt gut vorstellen können, musst du genau überlegen, wie diese Gestalt aussehen soll, wie sie sich verhält und welche Eigenschaften sie hat.

a) Fertige eine kleine Zeichnung von dieser Gestalt an.

b) Sammle rund herum Stichpunkte zum Aussehen, zu den Eigenschaften und zum Verhalten der seltsamen Gestalt.

Aussehen:

Eigenschaften:

Verhalten:

Schritt 2 ←

Planen – Ideen
auswählen
und ordnen

4 Ergänze deinen Schreibplan mit weiteren Stichpunkten zum Ort, zur Zeit und eventuell zu weiteren handelnden Personen.

5 Wähle die Stichpunkte aus, die du für deine Fantasiegeschichte verwenden willst. Markiere die Informationen.

6 Ordne die ausgewählten Stichpunkte in deinem Heft in Einleitung, Hauptteil und Schluss (↗ Seite 10).

Die Geschichte schreiben

1 Schreibe eine Einleitung zu deiner Geschichte. Du kannst auch diese Erzählanfänge nutzen: → **Schritt 3**

- Nach einem anstrengenden Tag war ich gerade in einen tiefen, traumlosen Schlaf gefallen, als ich plötzlich durch ein klopfendes Geräusch geweckt wurde …

- Ich war mir nicht sicher, ob ich schon schlief und träumte oder ob tatsächlich etwas an mein Fenster geklopft hatte …

2 Das Fantastische einer Geschichte wird z. B. durch Wortschöpfungen betont.
Bilde Wortschöpfungen, indem du zusammengesetzte Nomen zu den Wortgruppen in der linken Spalte bildest.

Wolken, die wie Watte aussehen	*Wattewolken*
mit Luft gefüllte Backen	*Luft- oder Windbacken*
Fee, die im Klee lebt	
Blüten, die verzaubern	
wetternde (schimpfende) Hexe	

3 Schreibe zu deinen Stichpunkten und deinem Erzählanfang eine Fantasiegeschichte zum Thema „Träume". Achte im Erzählkern auf:

- die anschauliche Beschreibung von Sinneseindrücken und Gefühlen (↗ Seite 13),
- den Einsatz von wörtlicher Rede zur Steigerung der Spannung und
- die Ausschmückung mit passenden Wortschöpfungen.

4 Schreibe einen Schluss für deine Fantasiegeschichte und suche eine passende Überschrift.

Die Geschichte überarbeiten

1 Überprüfe deine Erlebniserzählung mit Hilfe der Checkliste ↗ Seite 36 f.   → **Schritt 4**

2 Markiere die Stellen im Text, die du verändern oder verbessern willst, mit den Korrekturzeichen.

3 Überarbeite den Text und schreibe ihn vollständig, richtig und sauber in dein Heft.

Fantasiegeschichten zu Bildern erzählen

Die Schreibaufgabe klären und die Geschichte planen

Schritt 1 ←

1 Du sollst eine Fantasiegeschichte zum Thema „Zeitreise" schreiben. Grundlage ist die folgende Bildergeschichte.

a) Schreibe zu jedem Bild Stichpunkte in dein Heft.

b) Skizziere in den beiden letzten Bilderrahmen, wie die Geschichte weitergeht und endet.

c) Schreibe auch zu den beiden letzten Bildern Stichpunkte in dein Heft.

Schritt 2 ←

Planen – Ideen sammeln

2 a) Lege in deinem Heft einen Schreibplan (↗ Seite 31) an.

b) Überlege, für wen du die Geschichte schreiben willst und welches Ziel du mit der Geschichte verfolgst. Notiere es im Schreibplan.

c) Ergänze den Schreibplan mit deinen Stichpunkten aus Aufgabe 1.

3 a) Wähle die Informationen aus, die du für deine Geschichte verwenden willst. Markiere die Informationen.

b) Ordne deine Stichpunkte in Einleitung, Hauptteil und Schluss (Tabelle ↗ Seite 10).

→ **Schritt 2**

Planen – Ideen auswählen und ordnen

Die Geschichte schreiben und überarbeiten

1 a) Lies die beiden Einleitungen für die Geschichte. Welche gefällt dir besser? Begründe.

→ **Schritt 3**

Mir gefällt Einleitung   besser, weil

Einleitung 1: Jan und Lisa stiegen in die Zeitmaschine, drückten auf einen Knopf und landeten plötzlich im alten Ägypten ...

Einleitung 2: Vor einiger Zeit entdeckten Jan und Lisa auf dem Dachboden ihres Urgroßvaters unter alten Kartons und muffigen Decken ein eigenartiges Objekt. Als die beiden es von allem Gerümpel und einer dicken Staubschicht befreit hatten, konnten sie eine Art Auto ohne Räder, aber mit zwei Sitzen erkennen. Jan war so begeistert, dass er hineinsprang und auch Lisa ermutigte einzusteigen. Er drückte auf verschieden Knöpfe und plötzlich begann sich alles um die beiden Kinder herum zu drehen. Jan und Lisa wurde dabei so schwindelig, dass sie ihre Augen schließen mussten ...

b) Schreibe selbst eine Einleitung zu deiner Fantasiegeschichte.

2 Schreibe nun den Hauptteil (Erzählkern). Achte auf die anschauliche Beschreibung von Sinneseindrücken und Gefühlen (↗ Seite 13), auf aussagekräftige Adjektive und Verben und den Einsatz von wörtlicher Rede zur Steigerung der Spannung.

3 Wie geht deine Geschichte aus? Formuliere den Schluss.

4 a) Welche der folgenden Überschriften gefällt dir am besten? Kreise sie ein.

Jan und Lisa auf Zeitreise   Ein geheimnisvolles Gefährt   Im Reich der Pyramiden

b) Übernimm die ausgewählte Überschrift für deinen Text oder formuliere selbst eine geeignete Überschrift.

5 Überprüfe deine Fantasiegeschichte mit Hilfe der Checkliste ↗ Seite 36 f. und überarbeite deine Erzählung.

→ **Schritt 4**

Teste dich!

Checkliste: Erzählen

Mit der Checkliste kannst du deine Texte selbst überprüfen.
Für jeden Text hast du eine Spalte.

Verwende folgende Markierungen:

++   Hier erfüllt dein Text die Anforderungen voll.

+   Hier erfüllt dein Text die Anforderungen mit geringen Fehlern.

+/–   Hier finden sich einige Fehler. Du solltest in Zukunft noch genauer auf diesen Punkt achten.

–   Hier finden sich noch viele Fehler. Du musst unbedingt noch üben.

	Text 1	Text 2	Text 3	Text 4	Text 5
Aufbau					
Überschrift, **Einleitung**, **Hauptteil** und **Schluss** sind vorhanden.					
Der Aufbau wird durch **Absätze** verdeutlicht.					
Inhalt					
Die **Überschrift** macht neugierig und verrät nicht zu viel.					
Die **Einleitung** stellt die Ausgangssituation mit Ort, Zeit und Personen vor.					
Der **Hauptteil** (Erzählkern) enthält alle Handlungsschritte, die den Höhepunkt vorbereiten.					
Die Handlung steigert sich in einer Spannungskurve bis zum **Höhepunkt**.					
Die Leserinnen und Leser können sich gut in die Handlung hineinversetzen, z. B. durch ◗ den Einsatz von **wörtlicher Rede**, ◗ die Schilderung von **Sinneseindrücken** und ◗ die Beschreibung von **Gefühlen**.					
Im **Schluss** wird deutlich, wie die Handlung ausgeht.					

	Text 1	Text 2	Text 3	Text 4	Text 5
Ausdruck					
Die **Wortwahl** passt zum Thema, zum Ziel, zur Schreibform und zu den Adressaten.					
Es werden **anschauliche Adjektive** und **aussagekräftige Verben** verwendet.					
Unnötige Wortwiederholungen werden vermieden.					
Die **Sätze** sind korrekt und vollständig.					
Die **Satzanfänge** sind abwechslungsreich. Unnötige Wiederholungen werden vermieden.					
Rechtschreibung					
Die Regeln der Groß- und Kleinschreibung werden beachtet.					
Die lang gesprochenen Vokale werden richtig geschrieben.					
Die Schreibung nach kurz gesprochenen Vokalen ist korrekt.					
Die *s*-Laute sind richtig geschrieben.					
Grammatik					
Die Texte sind im **Präteritum** geschrieben.					
Die **Satzschlusszeichen** (. / ? / !) sind richtig gesetzt.					
Die **Kommasetzung bei Aufzählungen** ist korrekt.					
Die **Kommas zwischen Haupt- und Nebensätzen** sind richtig gesetzt.					
Die **Zeichensetzung** bei der **wörtlichen Rede** ist korrekt.					
Äußere Form					
Die **Überschrift** ist unterstrichen.					
Die **Handschrift** ist gut lesbar.					
Der **Rand** wird eingehalten.					
Korrekturen im Text sind sauber ausgeführt.					

Erlebnisse erzählen

1 Forme diesen kurzen Zeitungsbericht in eine Erlebniserzählung aus Sicht der Pudelzüchterin um. Gehe dabei in folgenden Schritten vor:

a) Lies den Zeitungsbericht und markiere alle Informationen, die du besonders interessant findest.

Eine ungewöhnliche Familie

Im amerikanischen Staat Utah hat eine Pudeldame drei Eichhörnchenbabys zu ihrem Nachwuchs erklärt. Nachdem man eine alte Schwarzkiefer gefällt hatte und die drei Kleinen samt Nest aus der Baumkrone fielen, rührte die Eichhörnchenmutter ihre Kinder nicht mehr an. Die Babys waren dem Tode nahe, als eine Pudelzüchterin sie entschlossen in ihre Jacke wickelte und ihrer Pudeldame, die gerade Junge geworfen hatte, vorsetzte. Die Hündin akzeptierte die drei Kleinen als ihr eigen Fleisch und Blut und säugt jetzt statt Zwillingen Fünflinge, die prächtig gedeihen.

b) Überlege dir, für wen und zu welchem Zweck du deine Geschichte schreiben willst.

c) Plane deine Erzählung:

- Sammle mit Hilfe des Zeitungsberichts Ideen für deine Erlebniserzählung. Verwende dabei ein Cluster oder eine Mindmap.

- Lege in deinem Heft einen Schreibplan an (↗ Seite 31) und ordne deine Stichpunkte ein. Ergänze weitere Stichpunkte, falls notwendig.

- Ordne die Stichpunkte zu den Erzählschritten mit Hilfe einer Tabelle in Einleitung, Hauptteil und Schluss (↗ Seite 10).

d) Schreibe die Erlebniserzählung aus Sicht der Pudelzüchterin.

e) Überarbeite deine Geschichte, falls notwendig.

2 Schreibe eine Erlebniserzählung zum Thema „Auf frischer Tat ertappt". Beachte folgende Vorgaben:

- Adressaten der Erzählung: Jugendliche zwischen 10 und 15 Jahren

- Thema der Erzählung: verbotenes Graffitisprayen

- Ziel der Erzählung: Warnung vor verbotenem Graffitisprayen

Gehe in den gelernten Schritten vor.

Fantasiegeschichten erzählen

1 Schreibe eine Fantasieerzählung zum Thema „Ein Tag im Schlaraffenland".
Gehe dabei in folgenden Schritten vor:

a) Überlege dir, für wen und zu welchem Zweck du die Geschichte schreiben willst.

b) Plane deine Erzählung:

◗ Sammle mit Hilfe des Gemäldes „Im Schlaraffenland" Ideen für deine Fantasiegeschichte. Verwende dabei ein Cluster oder eine Mindmap.

◗ Lege in deinem Heft einen Schreibplan an (↗ Seite 31) und ordne deine Stichpunkte ein. Ergänze weitere Stichpunkte, falls notwendig.

◗ Ordne die Stichpunkte zu den Erzählschritten mit Hilfe einer Tabelle in Einleitung, Hauptteil und Schluss (↗ Seite 10).

c) Schreibe die Fantasiegeschichte. Denke dabei immer an die Adressaten und dein Schreibziel.

d) Überprüfe und überarbeite deine Erzählung.

2 Schreibe eine Fantasieerzählung zum Thema „Der magische Spiegel".
Gehe dabei in den gelernten Schritten vor.

Übungen

Gegenstände beschreiben

Allgemeine Merkmale

1 In den folgenden drei Texten wird dieselbe Jacke beschrieben.
Lies alle drei Beschreibungen.

Text 1

Es handelt sich um eine hellblaue Outdoor-Kinderjacke der Marke *Superchic* mit Kapuze und hellgrauen und schwarzen Streifen an der Seite. Die Größe ist 164. Der Markenname steht auf der linken Brustfläche. Auf dem Innenetikett steht mein Name Paul Müller.

Text 2

Superchic Outdoor-Kinderjacke
Absolut unempfindlich in doppelter Hinsicht: Zum einen besteht die trekkingtaugliche Wetter-
5 schutzjacke aus einer TEXAPORE-Variante mit sehr robuster Oxford-Webung. So hält sie Touren mit dem Rucksack und auch den dauerhaften Alltagseinsatz bestens
10 aus. Zum anderen ist das Garn durch Nanotechnologie so verändert, dass Wasser abperlt und Schmutzpartikel kaum hängen bleiben. Das macht sie besonders
15 pflegeleicht.
Kombiniert mit einer Fleece- oder Mikrofaserjacke wird sie mit Hilfe eines Systemreißverschlusses auch wintertauglich.

Text 3

Ich wünsche mir ganz dringend die neue Outdoor-Jacke von *Superchic*, und zwar in hellblau mit schwarzen und grauen Streifen an der Seite. Ich brauche die Jacke in Größe 164. Die Jacke ist total praktisch und gefällt mir außerdem noch.

2 Wer ist jeweils der Adressat? Trage die richtige Textnummer ein.

Die Adressaten sind Eltern oder Großeltern.   Text Nr. _____

Der Adressat ist die Finderin oder der Finder der Jacke.   Text Nr. _____

Der Adressat ist jemand, der die Jacke kaufen soll.   Text Nr. _____

3 Welches Ziel wollen die Verfasser mit ihren Beschreibungen jeweils erreichen?
Trage die richtige Textnummer ein.

Der Verfasser will den Leser über die außerordentliche Qualität der Jacke informieren und ihn vom Kauf überzeugen.	Text Nr. _____
Der Verfasser will den Leser von den persönlichen Vorteilen der Jacke und von seinem Wunsch überzeugen.	Text Nr. _____
Der Verfasser will den Leser über besondere Merkmale der Jacke informieren, damit dieser sie finden und zurückgeben kann.	Text Nr. _____

> **Gegenstände beschreiben**
>
> Mit einer **Gegenstandsbeschreibung** informierst du deine Leserinnen und Leser über besondere Merkmale oder Eigenschaften eines Gegenstands.
> Welche Merkmale oder Eigenschaften du in deiner Beschreibung besonders genau darstellst, hängt von den Adressaten und vom Ziel deiner Beschreibung ab.
> Eine Beschreibung wird im **Präsens** geschrieben.

Die Schreibaufgabe klären

1 Bei einem Schulfest, bei dem ihr alle blaue Kapuzenpullover tragen solltet, hast du deinen Pullover verloren. Nun willst du einen Aushang in eurer Schule machen, auf dem der Pullover so genau beschrieben ist, dass die Finderin oder der Finder weiß, dass es sich um deinen Pullover handelt.
Kläre zunächst die Schreibaufgabe.

→ **Schritt 1**

Adressaten: _____

Thema: _____

Schreibziel: _____

Schreibform: *Beschreiben*

Die Beschreibung planen

2 Wähle aus den folgenden drei Pullovern den aus, den du gerne für eine Suchanzeige beschreiben möchtest.

Schritt 2 ←

Planen – Informationen sammeln und ordnen

3 Notiere Stichpunkte zum Aussehen des ausgewählten Pullovers.

Allgemeines Aussehen: _____

Besondere Merkmale: _____

_____

Die Beschreibung verfassen und überarbeiten

Schritt 3 ←

1 Lies die folgende Suchanzeige. Zu welchem der drei Pullover passt die Beschreibung? Schreibe einen ganzen Satz mit einer Begründung.

_____

_____

Pulli verloren

Ich habe am Freitag, den 2. September, meinen Pulli in der Umkleidekabine neben der Turnhalle liegen lassen. Der Pulli ist blau, hat eine Kapuze, eine Kordel am Hals, Streifen auf der Schulter und ein kleines Dreieck vorne drauf.

Wenn ihr den Pulli findet, gebt ihn bitte zurück an Nico Seidel, Klasse 5 A.

> **Genau beschreiben**
>
> Für die **Unterscheidung sehr ähnlicher Gegenstände** ist es wichtig, die Merkmale des einzelnen Gegenstands genau zu beschreiben. Dabei helfen dir z. B. **Adjektive**, die etwas über die Größe, die Form oder die Farbe des Gegenstands aussagen.

2 Sammle in Form von Clustern präzise Farbadjektive zu den Farben blau, rot und gelb.
Schreibe in dein Heft.

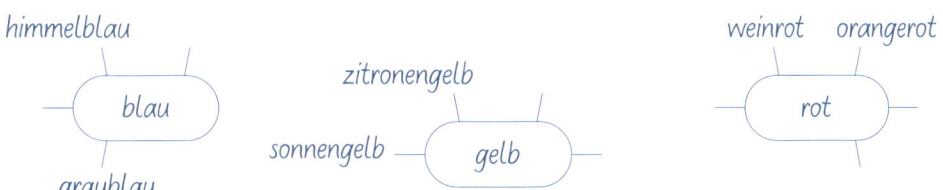

3 Bei manchen Gegenständen musst du die Form mit genauen Adjektiven beschreiben,
damit deine Adressaten genau wissen, was du meinst.

Ordne den folgenden Formen die passenden Adjektive aus der Randspalte zu.

rund
dreieckig
rechteckig
oval
quadratisch
trapezförmig

4 Um jemandem eine genaue Vorstellung von einem Gegenstand zu vermitteln, muss man
manchmal seine Eigenschaften genau beschreiben.
Wie können folgende Gegenstände sein? Sammle jeweils passende Adjektive.

eine Brotkruste: _____

die Oberfläche eines Holztisches: _____

die Oberfläche eines Teppichs: _____

dunkel
rau
hell
weich
kuschelig
glatt
hart
rissig
kratzig

5 Verfasse nun eine Suchanzeige zu dem von dir ausgewählten Pullover, in der deutlich wird,
um welchen Pullover es sich genau handelt. Beachte dabei die Punkte im Merkkasten.

> **Eine Suchanzeige schreiben**
>
> In der **Überschrift** einer Suchanzeige muss deutlich werden, um welche Art von Gegenstand es
> sich handelt, z. B. um ein Fahrrad. In der **Einleitung** gibst du an, was genau du suchst und wo
> und wann du es verloren hast. Im **Hauptteil** musst du die Merkmale, an denen der Gegenstand
> zu erkennen ist, genau benennen. Der **Schluss** kann eine Aufforderung enthalten, den Gegen-
> stand zurückzugeben. Zudem muss deutlich gemacht werden, wo die Finderin oder der Finder
> den verlorenen Gegenstand abgeben kann.

6 a) Überprüfe deinen Text mit Hilfe der Checkliste auf ↗ Seite 56 f. Markiere die Textstellen,
die du verändern oder verbessern willst.
Verwende dafür die Korrekturzeichen auf der vorderen Umschlag-Innenseite.

→ **Schritt 4**

b) Überarbeite den Text und schreibe ihn sauber in dein Heft.

Gegenstände beschreiben: Eine Verkaufsanzeige

Die Schreibaufgabe klären

Schritt 1 ←

1 Du hast einen neuen Füllfederhalter zu Weihnachten geschenkt bekommen und willst dein altes Modell nun in der Schule zum Verkauf anbieten. Kläre zunächst die Schreibaufgabe.

Adressaten: _____

Ziel: _____

Thema: _____

Schreibform: *Beschreiben* _____

2 Lies die Angaben zu dem abgebildeten Füllfederhalter.

Oberbegriffe	Merkmale
Marke:	KAMY
Modell:	X14
Farbe:	schwarz
Maße und Gewicht:	ca. 13,5 cm lang, ca. 1 cm Durchmesser, ca. 30 g schwer
Feder:	Edelstahlfeder poliert, Stärke M (mittel)
geeignet für:	Rechtshänder ab ca. 3. Schuljahr
Material:	robuster Kunststoff
Verschluss:	Klickverschluss zwischen Füller und Schutzkappe
Besonderheiten:	– angenehm zu halten durch markante Griffmulden – mit rotem Metallclip – zwei Sichtfenster
Neupreis:	15,90 €
Zustand:	normale Gebrauchsspuren
Herkunft:	Geburtstagsgeschenk

Die Beschreibung planen

3 a) Markiere in der Tabelle auf ↗ Seite 44 die Informationen, die für deine Adressaten und dein Schreibziel wichtig sind.

b) Ordne die ausgewählten Informationen in die Tabelle ein.

→ **Schritt 2**

Planen – Informationen auswählen und ordnen

Oberbegriffe	Merkmale und Eigenschaften	Reihenfolge
Zustand und Neupreis		
die auffälligsten Merkmale/ Eigenschaften		
Angaben zu Marke und Modell		
Besonderheiten		
wichtige Zusatz-informationen für die Käuferin / den Käufer		

c) Welche weiteren Informationen benötigt die Käuferin oder der Käufer? Ergänze fehlende Informationen.

d) In welcher Reihenfolge möchtest du die Informationen in einem Text verwenden? Nummeriere die Abschnitte in der rechten Tabellenspalte.

Die Beschreibung verfassen und überarbeiten

1 In den Angaben zum Füller (↗ Seite 44) werden zahlreiche Fachbegriffe verwendet. Was bedeuten diese Fachbegriffe? Ordne passende Erklärungen aus der Randspalte zu.

→ **Schritt 3**

robust: _____   markant: _____

poliert: _____   Metallclip: _____

- Teil zum Anklemmen
- stabil
- glänzend gemacht
- auffallend

2 Beim Beschreiben ist eine präzise Wortwahl wichtig.
Überarbeite die folgende Verkaufsanzeige für den KAMY-Füllfederhalter:

- Ergänze die fehlenden Adjektive und Fachbegriffe.

- Ersetze die durchgestrichenen Formulierungen durch passende und präzisere Begriffe aus den Wörtern in Klammern.

Verkaufe Füllfederhalter von KAMY

Ich biete einen _____ Füllfederhalter von KAMY, Modell X14,

zum Verkauf an.

Der Füller ~~ist aus~~ _____ (*besteht aus / setzt sich zusammen aus / aufweisen*)

robustem Kunststoff und hat eine _____ Edelstahlfeder. Er ~~hat~~

_____ (*zeichnet sich aus durch / bekommt / gehört*) angenehme

Griffmulden, einen _____ Metallclip und zwei Sichtfenster. Nach einjährigem

Gebrauch ~~hat er~~ _____ (*weist er … auf / zeigen sich / entstehen*) normale

Gebrauchsspuren _____ , er ist aber voll funktionstüchtig. Der Neupreis

~~war~~ _____ (*kostete/betrug/bezahlte*) 15,90 €. Ich hätte gerne noch 9 € dafür.

Wenn du interessiert bist, ruf mich bitte unter der Telefonnummer 0123-6789 an.

3 Verfasse nun eine Beschreibung deines eigenen Füllfederhalters für eine Verkaufsanzeige.
Gehe dabei in folgenden Schritten vor:

- Kläre die Schreibaufgabe.

- Mach dir Notizen zu deinem Füllfederhalter.
  Übertrage dafür die Tabelle von ➚ Seite 44 mit den Oberbegriffen in dein Heft.

- Überlege, welche Stichpunkte für den Zweck deiner Beschreibung besonders wichtig sind.
  Markiere sie.

- Übertrage die Tabelle von ➚ Seite 45 in dein Heft und ordne die ausgewählten
  Stichpunkte ein.

- Verfasse die Beschreibung. Denke dabei immer an die Adressaten und den Zweck.

- Formuliere eine geeignete Überschrift und einen passenden Schluss.

Tipp

Wenn du weitere Informationen zu deinem Füllfederhalter brauchst, kannst du sie in der Gebrauchsanleitung oder auf der Seite des Herstellers im Internet finden.

Schritt 4 ←

4 a) Überprüfe deinen Text mit Hilfe der Checkliste auf ➚ Seite 56 f.

b) Markiere die Textstellen, die du verändern oder verbessern willst.
Verwende dafür die Korrekturzeichen in der vorderen Umschlag-Innenseite.

c) Überarbeite den Text und schreibe ihn sauber in dein Heft.

Tiere beschreiben

Die Schreibaufgabe klären und die Beschreibung planen

1 Du sollst eine Suchanzeige für einen entlaufenen Dackel verfassen.
Kläre zunächst die Schreibaufgabe.

→ **Schritt 1**

Adressaten: _____

Ziel: _____

Thema: _____

Schreibform: *Beschreiben* _____

2 Entscheide dich, für welchen der drei Dackel du eine Suchanzeige schreiben willst.

Kurzhaardackel   Langhaardackel   Rauhaardackel

3 Sammle in dem folgenden Steckbrief Stichpunkte zur Beschreibung des ausgewählten Dackels.

→ **Schritt 2**

Planen –
Informationen
sammeln
und ordnen

Hunderasse: _____

Fell: _____

_____

Ohren: _____

Augen: _____

Besondere Kennzeichen: _____

_____

kurz
weich
rund
dick
stämmig
langbeinig
klein
stehend
blau
lang
braun
dünn
schlank
mittelgroß
groß

4 Wenn du jemandem eine genaue Vorstellung von einem Tier vermitteln willst, der das Tier noch nie gesehen hat, musst du es ganz genau beschreiben. Sammle passende Adjektive und Begriffe, mit denen du die einzelnen Merkmale eines Tieres genau beschreiben kannst.

Körperbau: *langgestreckt, kurzbeinig,*

Fell: *struppig, lockig,*

Ohren: *hängend, spitz,*

Augen: *braun,*

5 Wähle aus deiner Stichpunktsammlung die Angaben aus, die du für deine Suchanzeige verwenden willst. Dein Ziel ist, dass die Finderin / der Finder erkennt, ob es sich um den richtigen Hund handelt.

Schritt 2 ←

Planen –
Informationen
auswählen

6 Stell dir nun vor, du sollst am schwarzen Brett eurer Schule einen Aushang machen, weil du ein neues Zuhause für deinen Dackel suchst.
Kläre die Schreibaufgabe (↗ Seite 4). Schreibe in dein Heft.

7 Welche Merkmale des Dackels musst du für diesen Aushang beschreiben? Notiere Stichpunkte.

kinderlieb
ruhig
lebhaft
sensibel
genügsam
anhänglich
gut erzogen

Rasse: _____   Alter: _____

Aussehen: _____

_____

Eigenschaften: _____

Die Beschreibung verfassen und überarbeiten

Schritt 3 ←

1 Wähle zwischen Aufgabe a) und Aufgabe b) aus.

a) Verfasse eine Suchanzeige für den von dir ausgewählten Hund. Beachte dabei die Angaben im Merkkasten auf ↗ Seite 43, die auch für Suchanzeigen für Tiere gelten.

b) Verfasse einen Aushang, auf dem du ein neues Zuhause für deinen Dackel suchst.

2 a) Überprüfe deinen Text mit Hilfe der Checkliste auf ↗ Seite 56 f.

b) Markiere die Textstellen, die du verändern oder verbessern willst.
Verwende dafür die Korrekturzeichen auf der vorderen Umschlag-Innenseite.

c) Überarbeite den Text und schreibe ihn sauber in dein Heft.

Tiere beschreiben im Biologieunterricht

Die Schreibaufgabe klären und die Beschreibung planen

1 Im Rahmen eines Biologieprojekts sollt ihr Tiere beschreiben und die Beschreibungen in einem Projekthefter sammeln. Du sollst den Waldkauz beschreiben.
Kläre die Schreibaufgabe (↗ Seite 4). Schreibe in dein Heft.

→ **Schritt 1**

2 Übertrage die Mindmap in dein Heft und ordne die Stichpunkte zum Waldkauz ein.

→ **Schritt 2**

Planen –
Informationen
ordnen

Der Waldkauz

- 2 bis 5 weiße Eier (ab März)
- Brutzeit: 28 bis 29 Tage
- dicker, runder Kopf ohne Federohren
- Vögel, z. B. Spatzen
- eine Jahresbrut
- gedrungene Gestalt
- Gefieder: auf hellem Grund bräunlich oder grau gefleckt

- kleine Säugetiere, z. B. Mäuse
- gehört zur Vogelart der Eulen
- Größe etwa 40 cm
- in Europa beheimatet
- bevorzugte Nistplätze: Baumhöhlen, alte Gebäude, Dachböden
- Spannweite 94 bis 104 cm

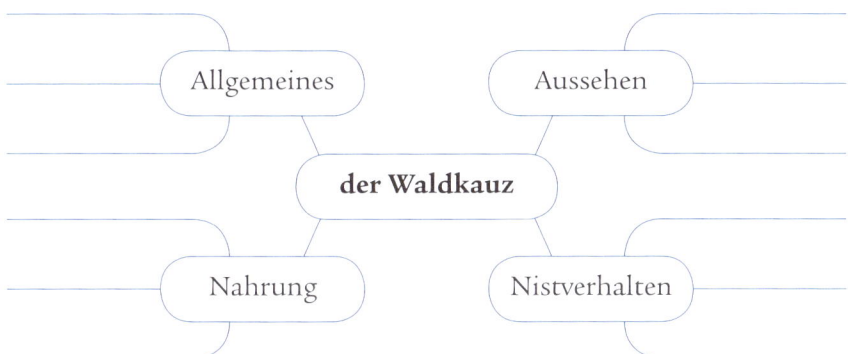

Allgemeines   Aussehen

der Waldkauz

Nahrung   Nistverhalten

3 In welcher Reihenfolge willst du die Informationen zum Waldkauz in deiner Beschreibung nennen? Nummeriere die Oberbegriffe in deiner Mindmap.

4 Du sollst noch ein passendes Foto zu deiner Beschreibung suchen.
Auf welchem Bild ist der Waldkauz zu sehen? Kreuze an.

Die Beschreibung verfassen und überarbeiten

1 Verfasse eine Beschreibung des Waldkauzes für den Projekthefter.

→ **Schritt 3**

2 Überprüfe deinen fertigen Text mit Hilfe der Checkliste auf ↗ Seite 56 f. und überarbeite ihn.

→ **Schritt 4**

Vorgänge beschreiben: Eine Bastelanleitung

Die Schreibaufgabe klären

Schritt 1 ←

1 Was erwartest du von einer guten Bastelanleitung? Kreuze an.

☐ eine präzise Wortwahl

☐ einen sachlichen Stil ohne Ausschmückungen

☐ einen unterhaltsamen Stil

☐ die Verwendung von Fachwörtern

☐ die Verwendung von Umgangssprache

☐ die Verwendung von direkter Rede

☐ die Schilderung von Gedanken und Gefühlen

☐ eine möglichst knappe Beschreibung der einzelnen Schritte

☐ eine sehr ausführliche und unterhaltsame Beschreibung der einzelnen Schritte

2 Du sollst eine Bastelanleitung für einen Papierflieger schreiben, die für einen Bastelnachmittag zum Thema „Papier" in eurer Klasse verwendet werden kann.
Kläre die Schreibaufgabe.

Adressaten: _____

Thema: _____

Ziel: _____

Die Beschreibung planen

Schritt 2 ←

Planen –
Informationen
sammeln
und ordnen

3 Um dich in der Bastelanleitung genau und verständlich auszudrücken, brauchst du bestimmte Fachbegriffe.

a) Markiere in der folgenden Sammlung die Fachbegriffe, die deine Adressaten möglicherweise nicht verstehen.

hochkant – quer – Mittellinie – diagonal – quadratisch – rechteckig – falzen – Ecken –

Kanten – waagerecht – senkrecht

b) Beschrifte die folgenden Zeichnungen mit den passenden Fachbegriffen.

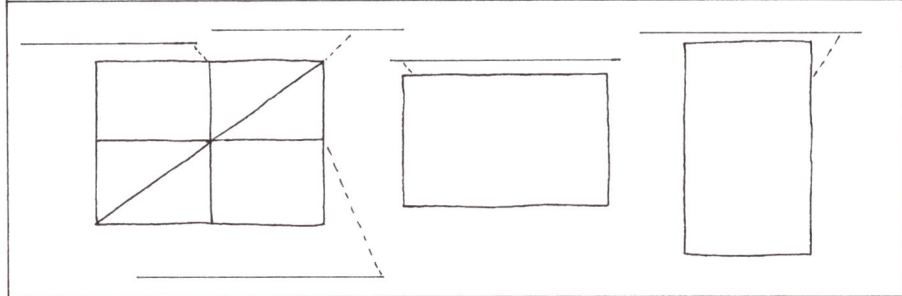

4 Ergänze den Schreibplan für eine Bastelanleitung zu einem Papierflieger.
Du kannst die Stichpunkte aus der Randspalte verwenden.

Einen Papierflieger basteln

Material: _____

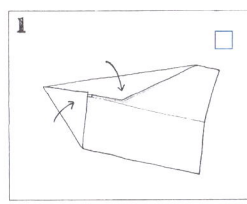

1. _____
   _____
   _____

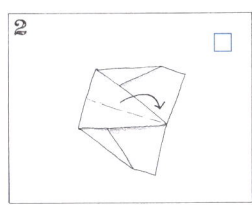

2. _____
   _____
   _____

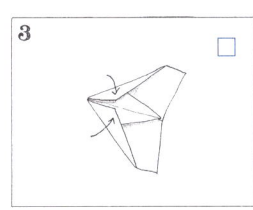

3. _____
   _____
   _____

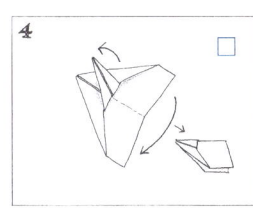

4. _____
   _____
   _____

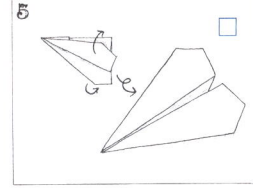

5. _____
   _____
   _____

- DIN-A4-Papier
- Blatt quer legen
- neu entstandene Ecken zur Mittellinie falten
- lange Kanten aufeinanderlegen und Papier falzen
- Papier wenden
- Papier an der Mittellinie auf beiden Seiten hochklappen
- Spitze nach oben klappen
- die beiden linken Ecken zur Mittellinie falten
- Spitze zur unteren Kante falten
- Papier auffalten
- die neuen Ecken nochmal zur Mittellinie falten
- äußere Flügelkanten zur Mittellinie runterklappen

Die Beschreibung verfassen

Schritt 3 ←

1 Bei einer Bastelanleitung ist es für deine Adressaten wichtig, dass sie genau wissen, in welcher Reihenfolge sie die einzelnen Schritte ausführen müssen.

Die Reihenfolge kannst du z. B. durch folgende Wörter deutlich machen:

zunächst – abschließend – dann – inzwischen – anschließend – währenddessen – parallel dazu – daraufhin – danach – vorher – in der Zwischenzeit – schließlich – nun – jetzt

Sortiere diese Wörter passend in die Tabelle ein.

zuerst	gleichzeitig	später

Um einen Papierflieger zu basteln, brauchst du …

Um einen Papierflieger zu basteln, braucht man …

2 Verfasse nun eine Bastelanleitung für einen Papierflieger. Gehe dabei so vor:

- ○ Lies die Informationen im Merkkasten.

- ○ Entscheide dich für die persönliche oder die unpersönliche Ansprache. Denke dabei an deine Adressaten.

- ○ Wähle eine passende Überschrift.

- ○ Schreibe die Bastelanleitung in ganzen Sätzen.

> **Vorgänge beschreiben**
>
> Eine **Vorgangsbeschreibung** hat zwei Teile:
> Im **1. Teil** schreibst du auf, welche Materialien du benötigst.
> Im **2. Teil** beschreibst du die einzelnen Handlungsschritte in der richtigen Reihenfolge.
>
> Bei der Anrede deiner Adressaten kannst du die **persönliche Ansprache** (*Du brauchst …*), den **Imperativ** (*Nimm …*) oder die unpersönliche Ansprache (*Man nimmt …*) verwenden.
>
> Eine Vorgangsbeschreibung wird im **Präsens** geschrieben.

3 Wähle aus den Bildern auf ↗ Seite 51 die drei aus, die du deiner Beschreibung unbedingt hinzufügen möchtest. Kreuze sie an.

Die Beschreibung überarbeiten

1 a) Überprüfe den folgenden Ausschnitt aus einer Bastelanleitung.
Markiere die Textstellen, die du verbessern würdest.

→ **Schritt 4**

Das Papier legt man hochkant vor sich hin. Dann faltet man die obere Kante zur unteren.

Dann öffnet man das Blatt. Dann faltet man die rechte Kante zur linken Kante. Dann öffnet man

das Blatt wieder.

b) Formuliere den Textausschnitt so um, dass du die Wiederholung der Wörter *man* und *dann*
vermeidest. Schreibe in dein Heft.

Beispiele:

Zunächst legt man das Papier hochkant vor sich hin. Anschließend wird ...

c) Schreibe den Textausschnitt oben in die Imperativ-Form um (Merkkasten ↗ Seite 52).
Vermeide unnötige Wortwiederholungen.

Lege das Papier ....

Falte anschließend ...

Öffne das Blatt wieder ...

2 a) Lies den folgenden Ausschnitt aus einer Bastelanleitung.
Markiere die Textstellen, die zu ungenau formuliert sind.

Nimm ein Blatt Papier und lege es vor dich hin.
Falte die Kanten aufeinander und klappe das
Papier wieder auf. Lege anschließend die anderen
Kanten aufeinander und falze das Papier.
Nachdem du das Papier wieder aufgeklappt hast,
faltest du die Ecken zur Mittellinie.

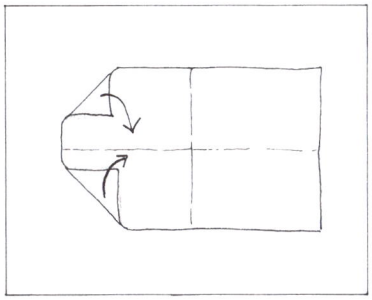

b) Überarbeite den Text. Ersetze die ungenauen Formulierungen durch präzise Angaben.
Orientiere dich an der Zeichnung

3 a) Überprüfe nun deine Bastelanleitung mit Hilfe der Checkliste auf ↗ Seite 56 f.

b) Markiere die Textstellen, die du verändern oder verbessern willst.
Verwende dafür die Korrekturzeichen auf der vorderen Umschlag-Innenseite.

c) Überarbeite den Text und schreibe ihn sauber in dein Heft.

Vorgänge beschreiben: Ein Rezept

Die Schreibaufgabe klären und die Beschreibung planen

Schritt 1 ←

1 Zum Geburtstag deiner Mutter möchtest du ein kleines Rezeptbuch mit deinen Lieblingsrezepten schreiben.
Kläre die Schreibaufgabe. Schreibe in dein Heft.

Schritt 2 ←

Planen –
Informationen
auswählen

2 Wähle aus der folgenden Stichpunktsammlung die Informationen aus, die deine Mutter für die Zubereitung des Rezepts braucht.
Markiere die Stichpunkte so, wie in der vorderen Umschlag-Innenseite gezeigt.

Schoko-Erdbeeren für 4 Personen

Zutaten: 500 g Erdbeeren
2 Tafeln Vollmilchschokolade
ca. 5 EL Kokosflocken

Zubehör: kleiner Topf
Backblech mit Backpapier
Holz-Zahnstocher

Zubereitung:
Zutaten einkaufen
Hände waschen
Schokolade im Topf flüssig machen[1]   1 schmelzen
Erdbeeren sauber machen[2]
Erdbeeren auf Holz-Zahnstocher machen[3]
wenn Schokolade flüssig, Erdbeeren reintun[4]
Kokosraspeln darüber machen[5]
zum Abkühlen auf Backpapier tun[6]
in Kühlschrank tun[7]
Geschirr abwaschen und zurückstellen

Zeit: ca. 20 min Zubereitungszeit + 1 Stunde Ruhezeit

---

legen
(ein)tauchen
schmelzen
stecken
streuen
waschen
stellen

3 Suche für die unterstrichenen Wörter in der Stichpunktsammlung genauere Formulierungen.
Schreibe sie neben die Stichpunkte.

Das Rezept verfassen und überarbeiten

1 **a)** Verbinde die Umschreibungen in der linken Spalte mit den passenden Formulierungen in der rechten Spalte.   → **Schritt 3**

rühren, bis kleine Bläschen entstehen	mischen
mit den Händen kräftig zusammendrücken	kneten
heiß machen	schaumig schlagen
die Schale abmachen	schälen
in kaltes Wasser tun	erhitzen
warten, bis die Flüssigkeit abgelaufen ist	abschrecken
durcheinander machen	abtropfen lassen

b) Wähle vier Verben aus der rechten Spalte aus und formuliere Beispielsätze.

2 Schreibe das Rezept in dein Heft. Gehe dabei folgendermaßen vor:

- ◑ Lies noch einmal die Angaben im Merkkasten auf ↗ Seite 52.

- ◑ Entscheide dich für die persönliche oder die unpersönliche Ansprache. Denke dabei an deine Adressaten.

  Für die Zubereitung der Schoko-Erdbeeren benötigst du ...

  Für die Zubereitung der Schoko-Erdbeeren benötigt man ...

- ◑ Wähle eine passende Überschrift.

- ◑ Nenne im 1. Teil die Zutaten und das Zubehör, die für die Zubereitung des Rezepts benötigt werden.

- ◑ Gliedere den 2. Teil nach den einzelnen Arbeitsschritten.

3 Überprüfe deinen Text mit der Checkliste auf ↗ S. 56 f.   → **Schritt 4**

4 Überarbeite deinen Text, falls notwendig. Schreibe ihn sauber in dein Heft.

Teste dich!

Checkliste: Beschreiben

Mit der Checkliste kannst du deine Texte selbst überprüfen.
Für jeden deiner Texte hast du eine Spalte.

Verwende folgende Markierungen:

++   Hier erfüllt dein Text die Anforderungen voll.

+   Hier erfüllt dein Text die Anforderungen mit geringen Fehlern.

+/–   Hier finden sich einige Fehler. Du solltest in Zukunft noch genauer auf diesen Punkt achten.

–   Hier finden sich noch viele Fehler. Du musst unbedingt noch üben.

	Text 1	Text 2	Text 3	Text 4	Text 5	Text 6
Aufbau						
Die **einzelnen Teile** der Beschreibung sind klar erkennbar und werden z. B. durch Absätze verdeutlicht.						
Inhalt						
Die **Überschrift** benennt das Thema knapp und genau.						
Die **Einleitung** enthält den Anlass der Beschreibung und benennt den Gegenstand oder das Tier genau.						
Im **1. Teil** werden alle Materialien/Zutaten genannt, die für den Vorgang benötigt werden.						
◗ Im **Hauptteil** werden alle Merkmale des Gegenstands bzw. des Tieres beschrieben, die für die Adressaten und das Ziel notwendig sind.						
◗ Die Merkmale werden in einer sinnvollen Reihenfolge dargestellt (z. B. vom Allgemeinen zum Besonderen).						
◗ Der **2. Teil** enthält alle wichtigen Handlungsschritte einer Vorgangsbeschreibung.						
◗ Die **einzelnen Schritte** werden in der richtigen Reihenfolge beschrieben.						
◗ Die **zeitliche Reihenfolge** der einzelnen Schritte wird deutlich.						

	Text 1	Text 2	Text 3	Text 4	Text 5	Text 6
Der **Schluss** enthält weitere Informationen (z. B. zur Adresse, zum Finderlohn) und evtl. eine Aufforderung, den Gegenstand / das Tier zurückzugeben oder zu kaufen.						
Ausdruck						
Die **Wortwahl** passt zum Thema, zum Ziel, zur Schreibform und zu den Adressaten.						
Die **Wortwahl** ist aussagekräftig, sachlich und genau (z. B. durch die Verwendung von Fachwörtern).						
Unnötige Wortwiederholungen werden vermieden.						
Die **Sätze** sind korrekt und vollständig.						
Rechtschreibung						
Die Regeln der **Groß-** und **Kleinschreibung** werden beachtet.						
Die **lang gesprochenen Vokale** werden richtig geschrieben.						
Die **Schreibung nach kurz gesprochen Vokalen** ist korrekt.						
Die **s-Laute** sind richtig geschrieben.						
Grammatik						
Der Text ist im **Präsens** geschrieben.						
Die **Satzschlusszeichen** (. / ? / !) sind richtig gesetzt.						
Die **Kommasetzung bei Aufzählungen** und **zwischen Haupt- und Nebensätzen** ist korrekt.						
Äußere Form						
Die **Überschrift** ist unterstrichen.						
Die **Handschrift** ist gut lesbar.						
Der **Rand** wird eingehalten.						
Korrekturen im Text sind sauber ausgeführt.						

Wiederholen und vertiefen

Tiere beschreiben

1 Verfasse eine Suchanzeige für die abgebildete Katze. Gehe in folgenden Schritten vor:

a) Schreibe in das Formular Stichpunkte zu den Merkmalen der Katze.

b) Verfasse eine Suchanzeige für die Katze. Denke dabei an:

- ⊙ eine aussagekräftige Überschrift,

- ⊙ eine Einleitung, in der du den Anlass deiner Beschreibung benennst,

- ⊙ einen Hauptteil, in dem du die allgemeinen und besonderen Merkmale der Katze mit aussagekräftigen Adjektiven beschreibst,

- ⊙ einen Schluss, in dem du deutlich machst, was die Finderin / der Finder mit der Katze tun soll.

Fell: _____

_____

Besondere Kennzeichen: _____

2 Verfasse mit Hilfe der folgenden Stichpunkte eine Beschreibung des Indischen Elefanten für ein Plakat zum Thema „Nutztiere". Gehe dabei in folgenden Schritten vor:

- ⊙ Kläre die Schreibaufgabe.

- ⊙ Ordne die Stichpunkte in einer Mindmap den vier Oberbegriffen *Aussehen – Ernährung – Nachwuchs – Bedeutung für den Menschen* zu.

- ⊙ Suche in Büchern oder im Internet nach einem passenden Bild für dein Plakat.

- ⊙ Verfasse eine Beschreibung. Gehe in den gelernten Schritten vor.

Der Indische Elefant

ca. 100 bis 150 ℓ Wasser am Tag – gemeinsam mit dem Afrikanischen Elefanten am weitesten verbreitete Art der Elefanten – gut ausgebildete Tiere befolgen bis zu 23 Kommandoworte – kann kurz nach Geburt stehen – relativ kleine Ohren – ca. 150 kg Futter pro Tag – meist nur 1 Kalb, bei Geburt Gewicht ca. 100 kg – Nutztier des Menschen (Zug-, Reit-, Arbeitstier) – Pflanzenfresser (Gräser, Blätter, Früchte, Zweige, Wurzeln, Baumrinde etc.) – Schulterhöhe ca. 3 m – leicht zähmbar – Stoßzähne meist nur bei Bullen – Tragzeit ca. 22 Monate – zweitgrößtes Landsäugetier

Vorgänge beschreiben

1 Verfasse eine Bastelanleitung für ein Segelschiff aus Papier, die für Kinder deines Alters geeignet ist. Gehe in folgenden Schritten vor:

a) Notiere zu jedem Bild Stichpunkte. Verwende passende Fachbegriffe.

b) Verfasse die Bastelanleitung. Denke an:

○ die Nennung der notwendigen Materialien im 1. Teil,

○ die Beschreibung der einzelnen Arbeitsschritte in der richtigen Reihenfolge im 2. Teil.

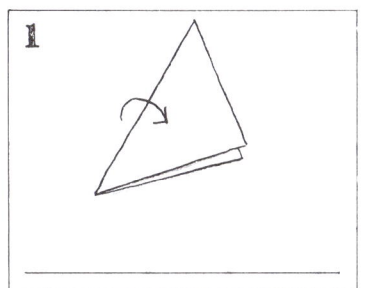

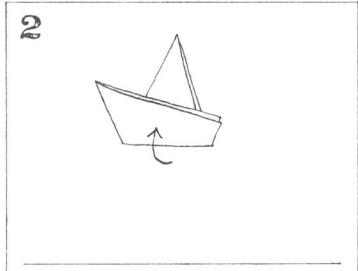

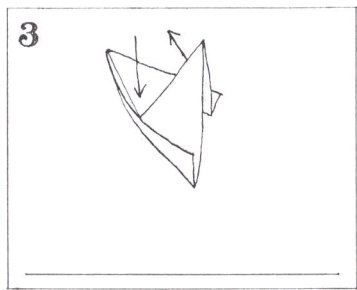

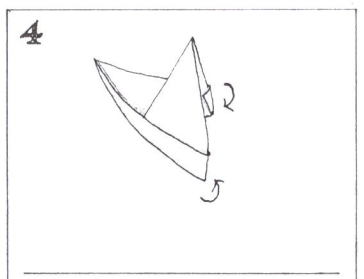

○ Bootsrumpf umstülpen
○ diagonal falten
○ Ecken hinten umknicken
○ unteren Rand nach oben knicken
○ quadratisches Blatt Papier

zuerst
zunächst
als Erstes
anschließend
nun
danach
schließlich
zuletzt

2 Schreibe eine Bastelanleitung für einen Papierhut, die ebenfalls für Kinder deines Alters geeignet sein soll.
Gehe in den gelernten Schritten vor. Schreibe in dein Heft.

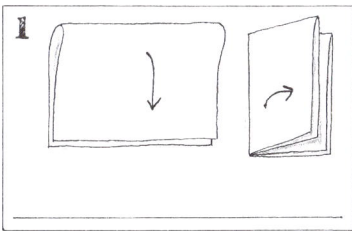

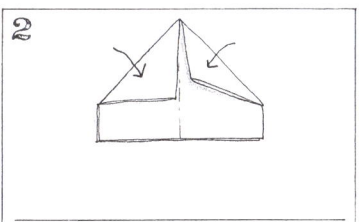

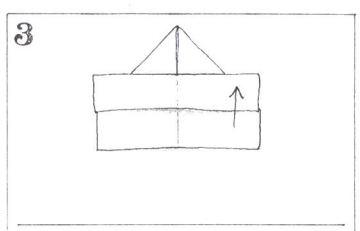

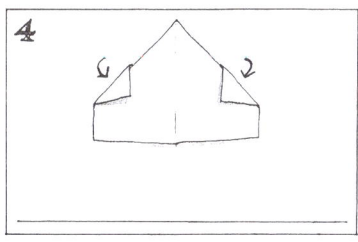

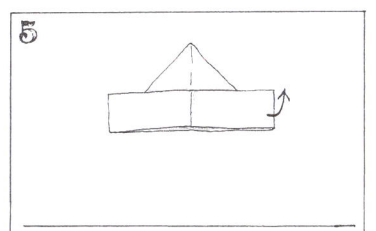

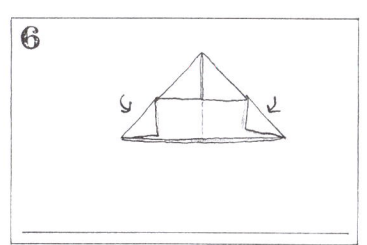

Übungen

Über Ereignisse berichten

Allgemeine Merkmale

1 Lies die Texte „Rettung im letzten Moment" (Text 1) und „Kinder retten ausgesetzten Hund"
(Text 2, ↗ Seite 61).

Text 1: Rettung im letzten Moment

An einem sonnigen Nachmittag während der Sommerferien spazierten Max und ich gemütlich
die Straße entlang. Plötzlich hielten wir an, weil wir ein eigenartiges Geräusch vernommen
hatten. Es klang wie ein Wimmern oder Winseln.
„Was war das?", fragte ich, blieb sofort stehen und hielt auch Max am Arm zurück. „Ich habe
5   es auch gehört", antwortete Max. Als wir gerade weiterlaufen wollten, hörten wir es wieder, noch
deutlicher, als wäre es ganz in unserer Nähe. „Da liegt vielleicht jemand im Graben", flüsterte
ich Max zu. „Nein", widersprach Max, „das ist nicht irgendjemand, das klingt wie ein Tier."
Kaum hatte er es ausgesprochen, rannten wir beide auch schon gleichzeitig los, hinein ins
Gestrüpp, den Lauten entgegen. Nur wenige Meter von der Straße entfernt entdeckten wir die
10 Ursache der Geräusche. „Oh, das gibt es doch gar nicht!", rief ich. Da lag tatsächlich ein kleiner,
süßer Schäferhund. Er hatte dunkelbraunes Fell und schwarze Augen, die mich ganz schüch-
tern und traurig anblickten. Um seinen Hals lag eine Leine, mit der er an einem Baum festgebunden war. Seine rechte Vorderpfote blutete und er sah ganz ausgehungert aus. Hilfe-
suchend schaute ich mich um. Tausend Gedanken schwirrten mir durch den Kopf. Man musste
15 diesem Tier doch helfen! Am liebsten hätte ich ihn sofort mit nach Hause genommen. „Wir
müssen den Tierschutz oder das Tierheim informieren. Den hat bestimmt jemand ausgesetzt",
sagte Max und strich über sein Fell. Ich
konnte nicht verstehen, wie man das einem
Lebewesen antun konnte. Das war Tierquäle-
20 rei! „Hast du denn die Nummer vom Tierschutz?", drängte ich meinen Freund. „Ich
rufe einfach die Polizei an, die werden mir
sicher weiterhelfen", entgegnete Max.
Es dauerte nicht lange, bis eine Tierpflegerin
25 aus dem Tierheim mit einer Hundetransport-
box erschien, ihn vorsichtig hineinhob
und mitnahm. Sie verabschiedete sich mit
den Worten: „Ihr habt dem Tier das Leben
gerettet, danke!" An jedem Tag unserer Ferien
30 besuchten wir Rex. So hatten wir unseren
kleinen Schützling getauft.

Text 2: Kinder retten ausgesetzten Hund

Zwei 12-jährige Kinder, Max H. und Paula G., fanden am gestrigen Tag gegen 16:00 Uhr einen
halb verhungerten, verletzten Hund im Gebüsch neben der Müllerstraße.
Das Tier war am Ortsausgang von Bayreuth, in der Fürsetzer Straße, an einem Baum im
Gestrüpp festgebunden. Nachdem sich die Kinder davon überzeugt hatten, dass das
5 Tier niemandem gehörte, informierten sie die Polizei. Die Tierpflegerin Luise B. wurde sofort
benachrichtigt und nahm den ca. 18 Monate alten Schäferhund mit in das nahe gelegene
Tierheim. Die Polizei vermutet, dass der Hund von Durchreisenden ausgesetzt wurde.
Bisher gibt es jedoch keine Zeugenaussagen.
Dank der sofortigen Hilfe der beiden Kinder ist der Hund auf dem Weg der Besserung.
10 Der Tierschutz ermittelt in diesem Fall.

2 Welche der folgenden Aussagen treffen auf Text 1 zu und welche auf Text 2?
Kreuze für jeden Text die zutreffenden Aussagen an.

Text 1	Text 2
Allgemeine Merkmale:	**Allgemeine Merkmale:**
☐ Ich konnte im Text schnell genaue Angaben zum Geschehen finden.	☐ Ich konnte im Text schnell genaue Angaben zum Geschehen finden.
☐ Der Text wirkte auf mich sachlich.	☐ Der Text wirkte auf mich sachlich.
☐ Ich konnte mit den Personen mitfühlen und die Situation gut nachempfinden.	☐ Ich konnte mit den Personen mitfühlen und die Situation gut nachempfinden.
☐ Ich habe nur die wichtigsten Informationen erhalten.	☐ Ich habe nur die wichtigsten Informationen erhalten.
☐ Der Text war spannend und unterhaltsam.	☐ Der Text war spannend und unterhaltsam.
Adressaten:	**Adressaten:**
☐ Schülerinnen und Schüler	☐ Schülerinnen und Schüler
☐ Zeitungsleserinnen und Leser	☐ Zeitungsleserinnen und Leser
Schreibziel:	**Schreibziel:**
☐ den Hundebesitzer aufzurufen, sich zu melden	☐ den Hundebesitzer aufzurufen, sich zu melden
☐ zu unterhalten	☐ zu unterhalten
☐ über den Vorfall zu informieren	☐ über den Vorfall zu informieren
☐ zum Nachdenken anzuregen	☐ zum Nachdenken anzuregen

3 Rahme bei beiden Texten Einleitung, Hauptteil und Schluss mit unterschiedlichen Farben ein.

4 a) Markiere in Text 2 alle Antworten zu den folgenden *W*-Fragen mit unterschiedlichen Farben:

Wer?

Was?

Wann?

Wo?

Wie?

Warum?

Mit welcher Folge? / Mit welchem Ergebnis?

b) Welche *W*-Fragen werden in der Einleitung, welche im Hauptteil und welche im Schluss beantwortet? Notiere deine Ergebnisse in der folgenden Übersicht.

Einleitung: _____

Hauptteil: _____

Schluss: _____

5 Auf welchen der beiden Texte (Text 1 oder Text 2) trifft das folgende Merkwissen zu. Kreuze an.

☐ Das Merkwissen trifft auf Text 1 zu.

☐ Das Merkwissen trifft auf Text 2 zu.

Über Ereignisse berichten

Ziel des **Berichtens** ist, die Leserinnen und Leser zu informieren.

- ◗ In der **Überschrift** benennst du das Ereignis, von dem du berichtest, knapp und genau.
- ◗ In der **Einleitung** informierst du möglichst knapp darüber, worum es in dem Bericht geht (*Wer? Was? Wann? Wo?*).
- ◗ Im **Hauptteil** stellst du den Ablauf des Ereignisses Schritt für Schritt dar und beantwortest die Fragen *Wie?* und *Warum?*
  Konzentriere dich dabei auf das, was für deine Adressaten und das Ziel deines Berichts wichtig ist, und lasse Unwichtiges weg.
- ◗ Im **Schlussteil** nennst du die Folgen des Ereignisses oder gibst eine Empfehlung.

Schreibe im **Präteritum**.

Für die Versicherung über einen Unfall berichten

Die Schreibaufgabe klären

→ **Schritt 1**

1 Stell dir vor, dir ist dieser Unfall passiert und du musst ihn deiner Versicherung melden.
Kläre die Schreibaufgabe.

Adressat: _____

Thema: _____

Ziel: _____

Vorwissen des Adressaten: _____

2 Welche Anforderungen muss der Unfallbericht an eine Versicherung erfüllen?
Kreuze die zutreffende Aussage an.

☐ Der Unfallbericht muss kurz und sachlich die wichtigsten Ereignisse darstellen.

☐ Der Unfallbericht muss die Ereignisse sehr ausführlich und anschaulich darstellen.

☐ Der Unfallbericht muss unterschiedliche Ansichten zu dem Ereignis darstellen.

Den Bericht planen

Schritt 2 ←

Planen –
Informationen
sammeln

1 Sammle mit Hilfe der Bilder auf ↗ Seite 63 weitere Informationen zu dem Ereignis. Beantworte dazu folgende Fragen in Stichpunkten:

Um welche Sportart handelt es sich? _____

Ist es ein Wettkampf oder eine Trainingsstunde? _____

Welche Teams spielen gegeneinander? _____

_____

Welche Farbe haben die Trikots der Teams? _____

_____

Was für Hosen tragen die Spieler? _____

Wo findet die Veranstaltung statt? _____

Wann findet die Veranstaltung statt? _____

Wann ereignet sich der Unfall? _____

Was passiert bei dem Unfall? _____

Warum passiert es? _____

Welche Folgen hat der Unfall? _____

Schritt 2 ←

Planen –
Informationen
auswählen

2 Nicht alle Informationen zu einem Ereignis sind für den Adressaten und das Schreibziel wichtig. Wähle aus deinen Stichpunkten die Informationen aus, die du für einen Unfallbericht an die Versicherung benötigst.

Markiere die Informationen, die du benötigst.

Schritt 2 ←

Planen –
Informationen
ordnen

3 **a)** Lies den Unfallbogen auf den beiden folgenden Seiten genau durch.

b) Ordne die *W*-Fragen den einzelnen Teilen des Unfall-
formulars zu. Schreibe in die Kästchen in der
Randspalte.

Wer? – Wann? – Warum? – Wo? – Wie? –
Was? – Mit welchen Folgen?

UNFALLPROTOKOLL

Bitte sorgfältig ausfüllen und zurücksenden an:	Name und Anschrift des Vereins:
Servicebüro Sportversicherungen des Landessportbunds Postfach 12 34 56 12345 Musterstadt ☎ 01234/567890 📠 01234/567891	Telefonnummer für Rückfragen (tagsüber): Name: _____ ☎ _____

I. Personalien des Schadenverursachers

1. Vor- und Zuname: _____

2. Geburtsdatum: _____

3. Anschrift: _____

4. Vereinsmitglied?   ☐ nein   ☒ ja, seit *April 2009*

5. Ausgeübter Beruf: *Schüler*

6. Funktion im Verein: *keine*

Wer?

II. Schadenanlass

Welcher Sportart ist der Schaden zuzuordnen?	2. Ehrenamtliche Tätigkeit für den Verein ☐ ja ☐ nein
Handelt es sich um einen Wegeunfall? ☐ ja ☐ nein	3. Sonstige Vereinsveranstaltung ☐ Mitgliederversammlung/ Ausschuss-Sitzung/Schulung
1. Sportveranstaltung ☐ Gruppen-/Mannschaftstraining ☐ Wettkampf gegen	4. Sportveranstaltungen mit Nichtvereinsmitgliedern ☐ Breiten- und Gesundheitsveranstaltungen ☐ Kurse ☐ Probetraining
☐ vereinsinterner Wettkampf ☐ Einzeltraining	5. Sonstiger Anlass:

III. Schadenhergang

1. Wo und wann hat sich der Schaden ereignet?

   Ort/Sportstätte: _____

   Datum: _____

   Uhrzeit: _____

2. Schildern Sie bitte den Geschehensablauf aus Ihrer Sicht (Schadensursache, Schadenhergang, Schadenfolgen):

   _____

   _____

   _____

   _____

   _____

   _____

   _____

   _____

   _____

   _____

   _____

   _____

   _____

   _____

   _____

   _____

4 Fülle das Unfallformular bis zur roten Markierung aus. Nutze deine Stichpunkte aus ↗ Aufgabe 1 (Seite 64).

Den Bericht schreiben

1 Weil auf einem Formular wenig Platz zur Verfügung steht, musst du beim Ausfüllen sehr knapp, → **Schritt 3**
aber trotzdem genau formulieren.

a) Überprüfe die folgenden Aussagen. Welche ist knapp und trotzdem genau formuliert?
Kreuze an.

b) Notiere bei den unpassenden Aussagen in Stichpunkten, warum sie sich nicht eignen.

☐ Bei dem unglaublich spannenden Spiel zwischen dem RS-Eisenberg und dem FSG-Eisenberg ist es durch einen Zusammenprall zwischen mir und einem Mitspieler zu einem schrecklichen Unfall gekommen, der zu vermeiden gewesen wäre, wenn wir besser aufgepasst hätten.	*zu ausführlich, viele überflüssige* *Informationen*
☐ Während des Wettkampfs, kurz vor Ende des 1. Satzes, um 15:45 Uhr, kam es zu einem Zusammenprall zwischen mir und einem Mitspieler des FSG.	
☐ Bei einem Wettkampf knallten wir zusammen.	
☐ Wir rannten dem Ball hinterher, trafen jedoch nur unsere Köpfe.	
☐ Der andere junge und gut aussehende Sportler schubste mich einfach aus dem Weg und streckte sich nach dem Ball aus.	

2 Schreibe einen kurzen Unfallbericht in das Formular auf ↗ Seite 66 unter III.2.
Beginne mit dem ausgewählten Satz aus Aufgabe 1 und denke daran, nur Informationen
in deinen Text aufzunehmen, die für die Versicherung wichtig sind.

Den Bericht überarbeiten

1 Überprüfe deinen fertigen Text mit Hilfe der Checkliste auf ↗ Seite 76 f. → **Schritt 4**
Markiere die Stellen in deinem Text, die du verändern oder verbessern musst.
Verwende dafür die Korrekturzeichen auf der vorderen Umschlag-Innenseite.

2 Schreibe den überarbeiteten Text sauber in dein Heft.

Für die Schülerzeitung über einen Unfall berichten

Die Schreibaufgabe klären

1 An der Schule ist am Montag, den 23. November, ein Unfall passiert. Als Redakteur eurer Online-Schülerzeitung hast du die Aufgabe erhalten, schnellstmöglich einen Artikel zu dem Unfall zu schreiben.
Lies die Aussagen zu dem Unfall.

Ramon, Klasse 6: „Das war ganz schrecklich! Ich kann jetzt noch diesen heftigen Aufschlag auf dem Heizkörper hören. Das war so ein dumpfes Geräusch. Erst lachten alle, aber plötzlich war überall auf seinem Kopf Blut. Ich rannte sofort zu Erik. Er war selbst ganz geschockt."

Lena, Klasse 6: „Wir saßen alle im Physikraum. Es hatte gerade zur dritten Stunde geläutet. Ich hatte das schon die ganze Zeit beobachtet und dachte nur, wenn der mal nicht gleich umfällt. Aber er lässt sich ja von niemandem etwas sagen. Er kippelt immer, wenn er in der letzten Reihe sitzt. Da hat er einfach zu viel Platz. Ich glaube, der hat eine Gehirnerschütterung und muss erst mal auf die Intensivstation."

Jonas, Klasse 6: „Das ist einfach dumm gelaufen. Sein Stuhl rutschte einfach so weg. Der fiel nach hinten wie ein nasser Sack. Er hatte absolut keine Chance mehr, sich irgendwo festzuhalten. Das war voll krass. Hätte jedem passieren können."

Sekretärin: „Erik Bauer wurde gleich von seinen Eltern ins Krankenhaus gebracht. Seine Platzwunde wurde genäht und er wird morgen wahrscheinlich schon wieder in der Schule sein."

2 Kläre die Schreibaufgabe. Kreuze dafür alle zutreffenden Aussagen an.

→ **Schritt 1**

Adressaten:

☐ Schüler der Schule

☐ Schüler der Klasse 6

☐ Schüler der Schule und zum Teil auch Eltern und Lehrer

Thema:

☐ das Kippeln von Erik aus Klasse 6

☐ ein Unfall an der Schule

☐ Erik Bauer aus Klasse 6

Ziel:

☐ die Adressaten zu unterhalten und am Geschehen teilhaben zu lassen

☐ für Schaukelstühle im Klassenraum zu argumentieren

☐ über den Unfall zu informieren

Vorwissen der Adressaten:

☐ kein Vorwissen zum Unfall

☐ wissen bereits viel über den Hergang des Unfalls

☐ einige wissen viel, die meisten wenig über den genauen Hergang des Unfalls

Den Bericht planen

3 Unterstreiche in den Aussagen auf ↗ Seite 68 alle Informationen, die für das Thema, die Adressaten und das Ziel deines Berichts wichtig sind. Denke dabei auch an das Vorwissen, das deine Adressaten haben.

→ **Schritt 2**

Planen – Informationen sammeln und ordnen

4 Ordne die ausgewählten Informationen in die Tabelle ein. Schreibe Stichpunkte.

Einleitung *Wer? Was? Wann? Wo?*	
Hauptteil *Wie? Warum?*	
Schluss *Mit welchen Folgen?*	

Den Bericht schreiben

1 a) Lies die folgenden Überschriften und kreuze diejenige an, die deiner Ansicht nach am besten zu dem Bericht passt.

b) Begründe bei allen anderen Überschriften in Stichpunkten, warum du sie für ungeeignet hältst.

☐ Blutbad an einem ganz normalen Unterrichtsmorgen

_____

☐ Kippeln mit schweren Folgen

_____

☐ Ein Schüler der 6. Klasse stößt sich beim Kippeln den Kopf am Heizkörper

_____

☐ Eine Fahrt ins Krankenhaus

_____

2 a) Lies die folgenden Einleitungen. Welche ist für einen Artikel in der Schülerzeitung am besten geeignet? Kreuze an und begründe in Stichpunkten.

b) Begründe nun in Stichpunkten, warum die anderen Einleitungen weniger geeignet sind.

☐ Am Montag ist an der Schule ein Unfall passiert.

_____

☐ Ihr habt bestimmt schon davon gehört: Ein schrecklicher Unfall ist passiert. Es geschah am 23. November. Es geschah hier an unserer Schule.

_____

☐ Am 23. November ist ein voll krasser Unfall hier an unserer Schule passiert.

_____

☐ Wie einige von euch bereits erfahren haben, ist am Montag, den 23. November, ein Unfall an unserer Schule passiert.

_____

3 Bei der Darstellung eines Ereignisses musst du auch deutlich machen, woher du deine Informationen hast.
Verwende jede der folgenden Formulierungen in einem Satz. Schreibe in dein Heft.

Eine Zeugin berichtete, dass …   *Die Sekretärin versicherte, dass …*

Laut einem Mitschüler …   *Nach Zeugenaussagen …*

4 a) Welche der folgenden Empfehlungen ist aus deiner Sicht für den Schluss eines Unfallberichts in der Schülerzeitung geeignet? Kreuze an und begründe.

b) Begründe deine Entscheidung in Stichpunkten.

☐ Da wir wissen, wie verbreitet das Kippeln unter Schülerinnen und Schülern ist, möchten wir den Unfall zum Anlass nehmen, euch nochmals zu bitten, dies zu unterlassen.

☐ Und was lernen wir daraus? Beim Kippeln immer schön festhalten!

Begründung: _____

5 Formuliere nun deinen Bericht. Beachte dabei die Informationen im Merkkasten auf ↗ Seite 62.

Den Bericht überarbeiten

1 a) Lies den folgenden Textauszug zum Unfallhergang. Überprüfe,

→ **Schritt 4**

○ ob Informationen, die von anderen Personen stammen, kenntlich gemacht wurden,

○ ob der Text keine unnötigen Wortwiederholungen enthält,

○ ob eine sachliche Sprache (ohne Umgangssprache) verwendet wurde,

○ ob alle Wörter richtig geschrieben sind.

Verwende die Korrekturzeichen auf der vorderen Umschlag-Innenseite.

b) Überarbeite den Text. Schreibe in dein Heft.

Es war am Anfang der dritten Stunde. Es passierte im Physikraum. Ein Schüler der Klasse 6 saß in der lezten Reihe. Er kippelte total und rutschte weg. Da er sich nirgens mehr festhalten konnte, viel er mit dem Kopf voll gegen den Heizkörper und zog sich eine totale Platzwunde am Kopf zu. Er musste ins Krankenhaus, wo die Wunde genät wurde.

2 Überprüfe nun deinen eigenen Text mit der Checkliste auf ↗ Seite 78 f. und überarbeite ihn.

Über Erlebnisse berichten

Allgemeine Merkmale

1 Lies die beiden Texte über einen Wandertag der Klasse 6c.

Text 1: Ausflug zum Kletterwald Hohenfelden

An unserem letzten Wandertag, am 14.09., machte unsere Klasse 6c gemeinsam mit Frau Schall und Herrn Schröder einen Ausflug zum Kletterwald Hohenfelden.

5 Wir fuhren um 8:00 Uhr mit dem Bus los und kamen gegen 8:30 Uhr beim Kletterwald an. Dort wurden wir zuerst von den Fachkräften eingewiesen und bekamen Empfehlungen, welche Kletterparcours wir nacheinander ausprobieren

10 sollten, da es für jeden der vier Parcours vier Schwierigkeitsstufen gibt. Nachdem wir zwei Stunden geklettert waren, machten wir ein Picknick und anschließend einen Spaziergang um das Wildgehege. Dann ging es zurück nach Hause.

Maja, Simon und Jan für die Klasse 6c

Text 2: Wandertag in schwindelerregenden Höhen

An unserem letzten Wandertag, am 14.09., unternahmen wir Schülerinnen und Schüler der Klasse 6c gemeinsam mit Frau Schall und Herrn Schröder einen Ausflug zum Kletterwald in Hohenfelden. Viele von euch kennen ihn bestimmt schon vom Hörensagen und auch wir sind der Empfehlung eines Mitschülers gefolgt, der zuvor bereits mit seinen Eltern dort war.

5 Um 8:00 Uhr fuhren wir in Weimar los. Nach einer kurzen Busfahrt von nur 30 Minuten kamen wir am Stausee Hohenfelden an. Vom Parkplatz liefen wir zum Klettergelände, das ganz in der Nähe im Wald neben dem Wildgehege liegt. Als Erstes wurden wir von Fachkräften in die Sicherheitsvorkehrungen eingewiesen. Zudem bekamen wir Empfehlungen, welche Kletterparcours wir nacheinander ausprobieren sollten. Denn für jeden der vier Parcours (Spaß,

10 Abenteuer, Fitness, Risiko) gibt es vier Schwierigkeitsgrade.
Nach der Einweisung durften wir auf eigene Faust losziehen. Wir blieben auf den Schwierigkeitsstufen 1 und 2, die für jüngere Kletterer ausreichend sind. Auch hier hatten wir jede Menge Spaß und in schwierigen Situationen stand uns immer eine der Fachkräfte des Kletterwaldes zur Seite.

15 Nach gut zwei Stunden Klettern waren wir alle sehr erschöpft und schnallten die Sicherheits-
   gürtel wieder ab. Wir stürzten uns hungrig auf das mitgebrachte Picknick. Anschließend unternahmen wir noch einen kleinen Spaziergang um das Wildgehege, wo Wildschweine, Mufflons,
   Hirsche und andere Tiere zu sehen waren. Gegen 13:30 Uhr fuhren wir zurück und kamen
   um circa 14:00 Uhr in Weimar an.

20 Für alle Schülerinnen und Schüler war dies der beste Wandertag, den wir bisher erlebt hatten.
   Die Kosten für Eintritt (7,50 €) und Bus (5,00 €) waren zwar nicht gerade gering, allerdings
   hat uns das Klettererlebnis dafür über alle Maßen entschädigt. Unserer Meinung nach ist der
   Kletterwald für alle Klassenstufen geeignet.
   Solltet ihr noch Fragen haben, wendet euch bitte an uns.

   Tim, Laura und Sina für die Klasse 6c

2 Welcher Text hat welches Ziel? Kreuze für jeden Text die richtige Antwort an.

Schreibziel des Textes ist es, …	Text 1	Text 2
… knapp über den Ablauf und die wichtigsten Ereignisse des Wandertags zu informieren.	☐	☐
… genau über den Ablauf und die Ereignisse zu informieren und eine Einschätzung des Tags zu geben, sodass die Adressaten sich eine eigene Vorstellung machen können.	☐	☐
… den Besuch des Kletterwalds zu empfehlen.	☐	☐

3 Welchen dieser beiden Berichte würdest du in eurer Schülerzeitung unter der Rubrik
„Ein besonderer Wandertag" abdrucken? Begründe deine Meinung.

Begründung:

Ich würde Text   abdrucken, weil

_____

_____

_____

_____

> **Über Erlebnisse berichten**
>
> Ziel eines **Erlebnisberichts** ist es, die Adressaten über das Erlebnis genau zu informieren,
> sie das Erlebnis aber auch nachempfinden zu lassen. Deshalb werden in einem Erlebnisbericht
> neben den nüchternen Fakten auch **Empfindungen**, **Gefühle** und **persönliche Eindrücke**
> geschildert.

Für die Schülerzeitung von einem besonderen Erlebnis berichten

Die Schreibaufgabe klären und den Bericht planen

Schritt 1 ←

1 Du sollst für eure Schülerzeitung über einen Wandertag oder einen Ausflug eurer Klasse berichten, der dir besonders gut gefallen hat.
Kläre die Schreibaufgabe mit Hilfe der folgenden Fragen:

Wer sind die Adressaten? _____

Um welches Thema geht es? _____

Welches Schreibziel hast du? _____

Welches Vorwissen hat der Adressat? _____

Schritt 2 ←

Planen –
Informationen
sammeln

2 Übertrage die Mindmap in dein Heft. Ergänze alle Informationen zu deinem Thema in Stichpunkten.

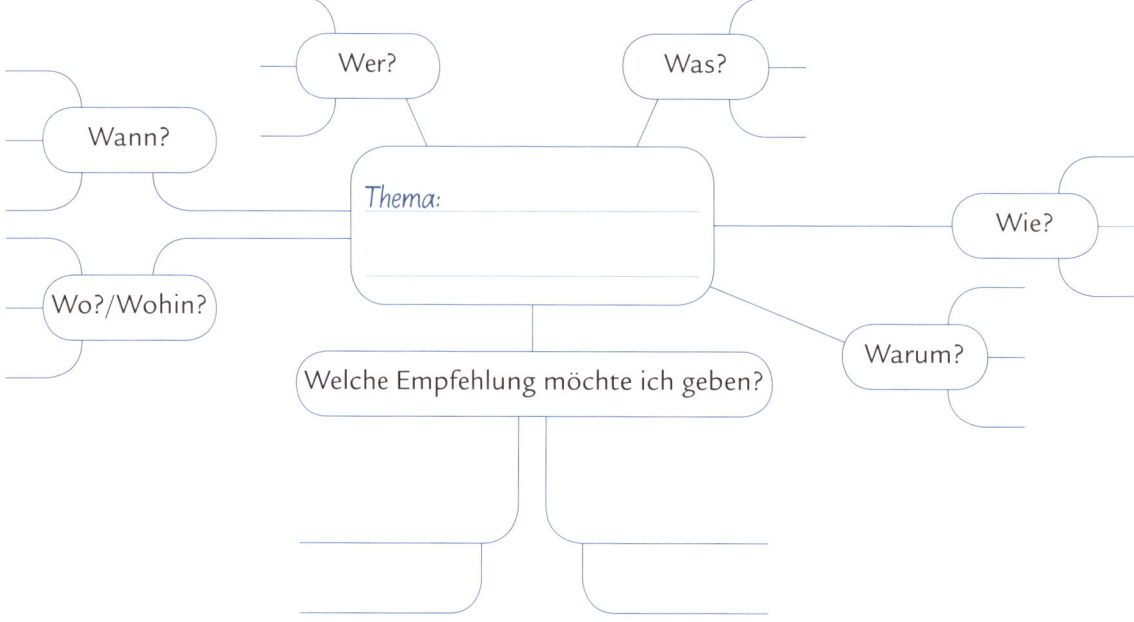

Schritt 2 ←

Planen –
Informationen
ordnen

3 **a)** Markiere die Informationen, die für deine Adressaten und das Ziel deines Berichts besonders interessant sind.

b) Ergänze persönliche Eindrücke und Gefühle, die für deine Adressaten interessant sind.

c) Welche Informationen willst du in der Einleitung, im Hauptteil und im Schluss deines Berichts verwenden?
Kreise Sie in unterschiedlichen Farben ein.

Den Erlebnisbericht schreiben

1 a) Lies die folgenden Sätze aus einem Erlebnisbericht.

→ **Schritt 3**

b) Unterstreiche alle Informationen, die für die Adressaten und das Ziel wichtig sind.

c) Streiche durch, was die Adressaten vermutlich nicht interessiert.
Notiere am Rand eine kurze Begründung für deine Entscheidung.

Unser Ausflug in die Eislaufhalle Eilenburg	
Um 8:00 Uhr startete unser Bus zur Eislaufhalle in Eilenburg.	
~~Die Fahrt war nicht besonders schön, da mich die ganze Zeit~~	nicht wichtig für Adressaten
~~Übelkeit plagte.~~ Deshalb war ich froh, als ich nach 50 Minuten	
endlich aussteigen durfte.	
Als wir den Bus verließen, goss es in Strömen und alle wurden	
nass bis auf die Knochen, was bei einigen in den kommenden	
Tagen zu einer Erkältung führte.	
Die Eishalle war wenig besucht. So hatten wir viel Platz zum	
Austoben. An Wochentagen sei das die Regel, versicherte man uns.	

2 Die Informationen in den folgenden Sätzen sind sehr allgemein.
Ergänze die Sätze so, dass für die Adressaten nachvollziehbar wird, was du gesehen und erlebt
hast. Du darfst hier deiner Fantasie freien Lauf lassen. Schreibe in dein Heft.

Als Erstes gingen wir ins Museum. Anschließend aßen wir zu Mittag. Danach durften wir eine
Stunde in der Stadt bummeln. Dann trafen wir uns am Bus. Um 16:00 Uhr fuhren wir nach Hause.

3 Schreibe nun deinen Erlebnisbericht über einen besonderen Wandertag.
Denke dabei immer an deine Adressaten und das Ziel deines Berichts.

Den Erlebnisbericht überarbeiten

1 Überprüfe deinen fertigen Erlebnisbericht mit der Checkliste auf ↗ Seite 76 f.

→ **Schritt 4**

2 Überarbeite deinen Text, falls notwendig.

Teste dich!

Checkliste: Berichten

Mit der Checkliste kannst du deine Texte selbst überprüfen.
Für jeden deiner Texte hast du eine Spalte.

Verwende folgende Markierungen:

++ Hier erfüllt dein Text die Anforderungen voll.

+ Hier erfüllt dein Text die Anforderungen mit geringen Fehlern.

+/– Hier finden sich einige Fehler. Du solltest in Zukunft noch genauer auf diesen Punkt achten.

– Hier finden sich noch viele Fehler. Du musst unbedingt noch üben.

	Text 1	Text 2	Text 3
Aufbau			
Überschrift, Einleitung, Hauptteil und **Schluss** sind vorhanden.			
Der **Aufbau** wird bei längeren Texten durch Absätze verdeutlicht.			
Inhalt			
Die **Überschrift** benennt das Ereignis genau.			
Die **Einleitung** enthält knapp alle notwendigen Informationen zu den W-Fragen *Wer? Was? Wann? Wo?*			
Im **Hauptteil** werden wichtige Informationen zu den *W*-Fragen *Wie?* und *Warum?* gegeben.			
◗ Das Ereignis wird Schritt für Schritt dargestellt.			
◗ Die Zusammenhänge werden für die Leserinnen und Leser deutlich.			
◗ Die Aussagen anderer werden deutlich gekennzeichnet.			
Der **Schluss** gibt Auskunft über die Folgen des Ereignisses oder enthält eine Empfehlung.			

	Text 1	Text 2	Text 3
Ausdruck			
Die **Wortwahl** passt zum Thema, zum Ziel des Textes und zu den Adressaten.			
Unnötige **Wortwiederholungen** werden vermieden.			
Die **Sätze** sind korrekt und vollständig.			
Die **Satzanfänge** sind abwechslungsreich. Unnötige Wiederholungen werden vermieden.			
Der **Stil des Berichts** ist sachlich, d. h. der Text enthält			
○ keine Ausschmückungen,			
○ keine Umgangssprache,			
○ keine Gedanken, Vermutungen und Gefühle.			
Der **Erlebnisbericht** enthält für die Adressaten wichtige persönliche Eindrücke, Gedanken und Gefühle.			
Rechtschreibung			
Die Regeln der **Groß- und Kleinschreibung** werden beachtet.			
Die **lang gesprochenen Vokale** werden richtig geschrieben.			
Die **Schreibung nach kurz gesprochenen Vokalen** ist korrekt.			
Die **s-Laute** sind richtig geschrieben.			
Grammatik			
Der Text ist im **Präteritum** geschrieben.			
Die **Satzschlusszeichen** (. / ? / !) sind richtig gesetzt.			
Die **Kommasetzung**			
○ bei Aufzählungen ist korrekt,			
○ zwischen Haupt- und Nebensätzen ist korrekt.			
Äußere Form			
Die **Überschrift** ist unterstrichen.			
Die **Handschrift** ist gut lesbar.			
Der **Rand** wird eingehalten.			
Korrekturen im Text sind sauber ausgeführt.			

Über einen Unfall berichten

1 Du hast vor eurer Schule einen Unfall beobachtet. Als Zeuge wirst du von der Polizei gebeten, einen kurzen schriftlichen Bericht über den Unfall zu verfassen.
Kläre die Schreibaufgabe (Adressaten, Thema, Schreibziel, Vorwissen der Adressaten).
Schreibe in dein Heft.

Wer?
Was?
Wann?
Wo?
Wie?
Warum?
Mit welchen Folgen?

2 Betrachte die Bilder. Beantworte dann mit Hilfe der Informationen aus den Bildern die *W*-Fragen im Kasten. Schreibe Stichpunkte in dein Heft.

3 Übertrage die Tabelle in dein Heft und ordne deine Stichpunkte passend zu.
Ergänze fehlende Informationen selbst.

Einleitung	Hauptteil	Schluss
Wer? Was? Wann? Wo?	*Wie? Warum?*	*Mit welchen Folgen?*
…	…	…

4 Schreibe einen Unfallbericht, mit dem du die Polizei über den Hergang des Unfalls informierst.
Denke dabei an folgende Punkte:

- ⊙ Benenne in der Überschrift das Ereignis knapp und genau.

- ⊙ Beantworte in der Einleitung die Fragen *Wer? Was? Wann? Wo?* möglichst in einem Satz.

- ⊙ Stelle im Hauptteil den Ablauf des Unfalls Schritt für Schritt dar und beantwortet die Fragen *Wie?* und *Warum?*

- ⊙ Benenne im Schlussteil die Folgen des Unfalls.

Über einen Diebstahl berichten

1 Einer Mitschülerin aus deiner Klasse ist auf dem Schulweg ihr Portmonee gestohlen worden. Du bist Kinderreporterin/Kinderreporter eurer Lokalzeitung und sollst einen kurzen Bericht über diesen Diebstahl verfassen.
Kläre die Schreibaufgabe (Adressaten, Thema, Schreibziel, Vorwissen der Adressaten).
Schreibe in dein Heft.

2 Dir liegen folgende Aussagen zu dem Diebstahl vor. Markiere alle Informationen zu den W-Fragen *Wer? Was? Wann? Wo? Wie? Warum? Mit welchen Folgen?* in unterschiedlichen Farben.

> Wir standen an der Bushaltestelle. Ich hatte gerade mein Portmonee aus der Schultasche geholt, weil da meine Busfahrkarte drin ist. Die hat es mir einfach so weggerissen! Es ging alles so schnell. Sina und Dominik wollten mir noch helfen, aber sie drängelten uns alle weg und rannten, so schnell sie konnten. Ich wusste gar nicht, was ich machen sollte. Mein Geld, meine Busfahrkarte, alles war weg!

> Es war auf dem Heimweg von der Schule, ungefähr um 14:00 Uhr. Es waren drei Mädchen aus der Nachbarschule. Jana fing an zu schreien. Ich wusste erst gar nicht, was los war. Als ich Jana helfen wollte, waren die drei schon so weit weg, dass wir sie nicht mehr einholen konnten.

> Ich saß schon ungefähr fünf Minuten an der Bushaltestelle. Jana stand neben mir. Die drei Mädchen kamen an, drängelten sich zwischen uns und pöbelten erst einmal herum. Ich sagte, sie sollten aufhören. Plötzlich warfen sie sich einen kurzen Blick zu, rissen Jana das Portmonee aus der Hand und rannten weg. Ich konnte noch eine von ihnen an der Jacke festhalten, aber sie trat nach mir und konnte sich losreißen.

3 Ordne deine Stichpunkte Einleitung, Hauptteil und Schluss zu.
Ergänze fehlende Informationen, z. B. auf die Frage *Mit welchen Folgen?*

4 Schreibe einen Bericht über den Diebstahl. Gehe dabei in den gelernten Schritten vor.

Textquellenverzeichnis

S. 12: Elch stürmt im Supermarkt zum kühlen Bier. Aus: Der Tagesspiegel vom 15. 7. 2010

Bildquellenverzeichnis

S. 40, 44: Archivfoto; **S. 47:** (1) © 4pfoten-design-fotolia.com, (2) © Willi Cole-Foto-fotolia.com, (3) © Eric isselée-fotolia.com; **S. 49:** (1) © Roland Jelli-fotolia.com, (2) © Martina Berg-fotolia.com; **S. 58 oben:** © Kitty-fotolia.com, **unten:** © Marcel Sarközi-fotolia.com

Redaktion: Mareike Zastrow
Bildrecherche: Angelika Wagener
Illustrationen: Sulu Trüstedt, Berlin
Umschlaggestaltung: Cornelsen Verlag Design
Layout und technische Umsetzung: Wladimir Perlin, Berlin

www.cornelsen.de

1. Auflage, 5. Druck 2023

Alle Drucke dieser Auflage sind inhaltlich unverändert und können im Unterricht nebeneinander verwendet werden.

© 2011 Cornelsen Verlag, Berlin
© 2020 Cornelsen Verlag GmbH, Berlin

Druck: H. Heenemann, Berlin

ISBN 978-3-464-60456-4

PEFC zertifiziert
Dieses Produkt stammt aus nachhaltig bewirtschafteten Wäldern und kontrollierten Quellen.
www.pefc.de
PEFC/04-31-1156

Lösungen

Seite 4

1 a) Adressaten: Zeitungsleser/innen
Thema: Bankraub
Ziel: die Leser/innen informieren
Schreibform: Berichten
Vorwissen der Adressaten: kein Vorwissen zu dem Ereignis

b) Adressaten: mögliche Käufer
Thema: Verkauf eines Fahrrads
Ziel: dem Käufer das Fahrrad beschreiben
Schreibform: Beschreiben
Vorwissen der Adressaten: weiß, was ein Fahrrad ist, kennt das spezielle Fahrrad aber nicht

c) Adressat: Opa
Thema: Gruselgeschichte
Ziel: die Leser/innen zu unterhalten
Schreibform: Erzählen
Vorwissen des Adressaten: kein Vorwissen über die Geschichte

Seite 5

1 *So könnte deine Lösung aussehen:*
Auf einem alten Dachboden: dunkel – Wind pfeift durch Dachziegel – Fledermaus fliegt weg – Gespenst – ...

2 *So könnte deine Lösung aussehen:*
Blick in den Abgrund: Fahrt mit dem Sessellift – bleibt stehen – Baumwipfel – Blick nach unten – Höhenangst – Panik abzustürzen – ...

In sengender Hitze: Ausflug zum Badesee – Sandstrand – große Hitze – Müdigkeit – Traum von der Wüste – Kamele – Beduinenzelt – Einladung ins Zelt – ...
Ein schmerzhafter Sturz: Voltigieren – Kür zu zweit – Pferd buckelt – fallen aufeinander – Pferd geht durch – schwarz vor Augen – Gehirnerschütterung – ...
Herzklopfen: Chat-Bekanntschaft – erste Verabredung – Cafeteria – gespannt – aufgeregt – Tür öffnet sich langsam – Junge/Mädchen aus Nachbarklasse – ...

Seite 6

3 *So könnte deine Lösung aussehen:*
Nachts im Wald
hören: Wind heult – Bäume rauschen – ...
sehen: Nebelschwaden – Vollmond – ...
riechen: faulig – staubig – muffig – ...
fühlen: Angst – Aufregung – Unsicherheit – ...

4 *So könnte deine Lösung aussehen:*
Verschlafen
Gefühle: Angst vor Lehrerin – peinlich – unsicher – Erleichterung – ...
Verhalten: aus dem Bett springen – Kakao runterstürzen – rennen – Tür aufreißen – sich entschuldigen – auf Stuhl fallen lassen – ...

5 *So könnte deine Lösung aussehen:*
Sturm
hören: lautes Heulen – knackende Äste – ...
sehen: dunkle Wolken – Bäume biegen sich – kleine Äste fallen – Blätter fallen – ...
riechen: salziger Geruch – ...
fühlen: Kälte – wie Nadeln auf der Haut – ...

Seite 7

6 Wer?	Was?	Wann?	Wo?	Wie?	Mit welchen Folgen?
zwei ältere Männer	in Bank eingebrochen, Geld gestohlen	gestern Nacht gegen 0:00 Uhr	Sparkasse, Frankfurt	mit Glasschneidern, Tresor geknackt	Polizei fahndet nach Tätern

7 *So könnte deine Lösung aussehen:*

Einzelteile	Form	Material	Farbe
Kappe	schmal	Metall	silber
Schaft	zylindrisch	Kunststoff	rot
Feder	breit	Edelstahl	silber
Tintenpatrone	lang	Kunststoff	blau

8 a) und b) *So könnte deine Lösung aussehen:*

Meine Armbanduhr

Einzelteile	Form	Material	Farbe
Ziffernblatt	…	…	…
Armband	…	…	…

Unser letztes Schulfest

Wer?	Was?	Wann?	Wo?	Wie?	Mit welchen Folgen?
…	…	…	…	…	…

Seite 8

1 *So könnte deine Lösung aussehen:*
- Eine abenteuerliche Geburtstagsüberraschung
- Freunde kommen +
- Glückwünsche, Geschenke +/– *nicht so wichtig*
- Umarmungen +/– *nicht so wichtig*
- ~~Hund bellt im Garten~~
- ~~Mutter holt Gläser von der Nachbarin~~
- ~~Schokokuchen, Erdbeerkuchen, Marzipanku-chen, Schlagsahne~~ √[1]
- im Geburtstagskuchen versteckter Brief von Oma + *wichtig*
- Überraschung: Gutschein für Kanufahrt +/–
- Aufbruch zur Kanufahrt +
- kurze Fahrt +
- Ankunft beim Kanuverleih am Flussufer +

…

√[1] gemütliches Kaffeetrinken mit leckerem Kuchen

Seite 9

2 *So könnte deine Lösung aussehen:*
- Schwimmwesten angezogen +
- ~~musste noch mal zur Toilette~~
- Kanus zum Fluss tragen +
- ~~Fahrradfahrer stürzt auf Radweg~~
- Sonne brennt +/–
- Wasser eiskalt +
- Kanus werden ins Wasser geschoben +
- ~~Kind schreit im Nachbargarten~~
- rutsche aus, falle kopfüber ins Wasser +
- …

3 *So könnte deine Lösung aussehen:*
- riesiger Schreck +
- schwimme schnell ans Ufer +
- tropfnass und eiskalt +
- gehen schnell ins Café am Flussufer +
- Handtücher und trockene Kleider von Cafébesitzer +
- Haare föhnen +/–
- heißer Tee +/–
- neuer Versuch +
- Kanufahrt klappt beim 2. Anlauf +
- Geburtstagsfest gerettet +

1

Einleitung	Hauptteil	Schluss
○ Besuch bei der Tante ○ Übernachtung ○ Idee: heimlich nachts auf Dachboden gehen ○ Ich-Erzähler/in, Cousin Max, Cousine Mara	○ dunkel ○ unheimlich ○ knarrende Dielen ○ Spinnweben ○ komisches Brummen ○ Flattergeräusche ○ Schreck ○ etwas, vermutlich Eule oder Fledermaus, fliegt aus dem Fenster ○ weiße Gestalt ○ Mara und ich schreien vor Schreck laut auf ○ Max kommt lachend hinter Kleiderständer hervor ○ hatte sich mit Omas Nachthemd und Faschingsperücke verkleidet ○ Vibrationsalarm von Max' Handy	○ Erleichterung ○ zurück ins Bett

Seite 10

2 Pfeil: (1) runden Stab besorgen, 0,5 mm Durchmesser und 30 cm lang – (2) halben Korken auf das eine Ende stecken – (3) anderes Ende des Stabs mit Messer einkerben – (4) Ende mit Federn verzieren

Bogen: (1) Holzleiste besorgen, 1 m lang, 2 cm breit, 3 mm dick – (2) Nylonschnur besorgen, 1 m lang – (3) Holzleiste an den Stirnseiten einkerben – (4) Nylonschnur an einem Ende festknoten – (5) Nylonschnur spannen – (6) Nylonschnur am anderen Ende festknoten

3 *So könnte deine Lösung aussehen:*

Allgemeines	———————→	Besonderes
Füllfederhalter, Firma xy	rot, durchsichtige Kappe, Patrone mit blauer Tinte	leicht verbogene Feder, Schaft etwas ausgeblichen

Seite 11

1 *So könnte deine Lösung aussehen:*
Adressaten: Kinder und Erwachsene, die gerne Geschichten lesen
Ziel: die Leser/innen unterhalten
Schreibform: Erzählen

2 *So könnte deine Lösung aussehen:*
Frühnebel
Der Geruch von Sommer, Sonne und frischem Gras lag in der Luft. Das saftige Grün der Blätter war ein Fest für die Augen nach so langer, kalter Winterzeit. Ließ man seine Blicke über den Garten gleiten, bot sich ein verwunschenes Bild. Eine Korkenzieherhasel schlängelte sich dem blassen Grau des Himmels entgegen. Die Vögel zwitscherten munter ihr Lied und dennoch war die Kraft des Sommers nicht stark genug, die dicke Dunstschicht zu vertreiben…

3 a) *So könnte deine Lösung aussehen:*
Hören (Ohr): Vögel zwitschern
Sehen (Auge): saftiges Grün, verwunschenes Bild, Korkenzieherhasel schlängelt sich, blasses Grau, dicke Dunstschicht
Riechen (Nase): Sommer, Sonne, frisches Gras

b) *So könnte deine Lösung aussehen:*
Hören: Brunnen plätschert – leise Musik aus einem Fenster – …
Sehen: erste Blümchen – Osterglocken – kleine Birken – dicke Knospen – Vögel sitzen im Baum – Eichhörnchen springen durch den Garten – …
Riechen: süßlicher Duft von Krokussen – frische Kräuter – …

Seite 12

4 a) aussagekräftige Verben: gleiten (Z. 3), schlängelte (Z. 3), vertreiben (Z. 5)

b) gleiten: schweifen, huschen

c) *So könnte deine Lösung aussehen:*
sehen: erblicken, erspähen, blinzeln, ...
gehen: rennen, laufen, bummeln, humpeln, eilen, ...
sagen: erläutern, flüstern, rufen, schreien, murmeln, ...

5 *So könnte deine Lösung aussehen:*
Jan und Lisa streiften auf der Suche nach bunten Krokussen und ersten Osterglocken durch das noch feuchte Gras des Gartens. Überall duftete es nach den süßlichen Krokussen und jungen Kräutern. Plötzlich entdeckten sie zwei Eichhörnchen, die einander munter von Ast zu Ast jagten ...

6 Adressaten: Zeitungsleser/innen
Ziel: die Leser zu informieren und zu unterhalten
Schreibform: Berichten

Seite 13

7 *So könnte deine Lösung aussehen:*
Gefühle der Beobachterin / des Beobachters:
Erschrecken, Belustigung, Verwunderung

8 a) Angst/Furcht: Sie wurde käseweiß.
Er hatte Schweißperlen auf der Stirn.
Ihre Hände wurden feucht.
Ihre Knie zitterten.
Ihm lief ein kalter Schauer über den Rücken.
Ihr Atem stockte.
Glück/Freude: Er hatte Schmetterlinge im Bauch.
Seine Augen leuchteten.
Ein Lächeln huschte über ihr Gesicht.
Erstaunen/Verwunderung: Er war sprachlos.

b) *So könnte deine Lösung aussehen:*
Wut: Er stampfte mit dem Fuß.
Sie ballte die Faust.
Trauer: Die Tränen liefen über sein Gesicht.
Sie fiel in sich zusammen.
Belustigung: Er hielt sich den Bauch vor Lachen.
Sie lachte Tränen.

9 *So könnte deine Lösung aussehen:*
A: Max stand ganz hinten in der Schlange an der Kasse, als sich plötzlich die Schiebetür öffnete und ein Elch hereinstolzierte. Sollte das ein Scherz sein? Max grinste in sich hinein und beschloss abzuwarten, was weiter passierte. Es sah so komisch aus, wie das riesige Tier mit hoch erhobenem Geweih durch die erschrockenen Einkäufer stolzierte, dass Max sich das Lachen nicht mehr verkneifen konnte. Er prustete laut los ...

B: Max traute seinen Augen nicht. Gerade als er seine Wasserflasche an der Supermarktkasse bezahlen wollte, sah er hinter der Warteschlange plötzlich ein riesiges Geweih auftauchen. Max kniff die Augen zusammen. Hatte er richtig gesehen oder träumte er etwa? ...

C: Max fuhr vor Schreck zusammen. Er drehte sich noch einmal vorsichtig um. Tatsächlich, da stand ein ausgewachsener Elch neben dem Kühlregal und streckte seinen Kopf mit dem riesigen Geweih zwischen die Getränkeflaschen. Max wich ein paar Schritte zurück und versuchte, sich hinter den Getränkekisten zu verstecken ...

Seite 14

1 b) Endlich war mein lang ersehnter *Geburtstag* gekommen! Ich hatte *mich* schon *sehr darauf* gefreut, denn es sollte bei der Feier eine große *Überraschung* geben.
Gleich nach der Schule trafen alle meine Freunde ein. Nach *vielen* Glückwünschen und Geschenken setzten wir uns zum Kuchenessen zusammen. *Wir rätselten, was meine Eltern wohl geplant haben könnten.* Plötzlich *entdeckte* ich im Geburtstagskuchen eine Walnuss. In der Nuss steckte ein Zettel von Oma. *Auf diesem stand, dass am Fluss Kanus für eine Kanutour für uns reserviert seien.* *Die Überraschung war geglückt!*

Seite 15

2 Jubelnd sprangen wir auf und *fielen* uns in die Arme. Ein lang ersehnter Wunsch ging für mich in Erfüllung! Und gleich sollte es losgehen. Nach einer *kurzen* Fahrt kamen wir beim *Kanuverleih* an. Wir *mussten alle* Schwimmwesten *anziehen*. Nachdem der *Verleiher uns kurz die*

Regeln erklärt hatte, trugen wir gemeinsam die Boote zum Flussufer. Die Sonne brannte ziemlich *stark* auf uns herunter und wir begannen unter der Last der Kanus sofort zu schwitzen. Das Wasser allerdings war eisig kalt. Langsam schoben wir die Kanus in den Fluss. Ich setzte vorsichtig einen Fuß vor den anderen. Doch plötzlich trat ich auf etwas Glitschiges, einen Stein oder *etwas Ähnliches*. Ich rutschte aus, klammerte mich noch kurz am Kanu fest, stolperte und fiel kopfüber ins Wasser.

Seite 17

2 a) Adressaten: Die Geschichte eignet sich für Kinder.
Ziel: Die Geschichte soll die Leser/innen unterhalten.

b) *So könnte deine Lösung aussehen:*
gut vorstellbar – spannend, wo Rosi ist – lustiges Ende

3 a) Figuren: Elisa, Oma Ursula, Schweinchen Rosi

b) *So könnte deine Lösung aussehen:*
Das Schwein folgte Elisa auf Schritt und Tritt.
Rosi saß beim Kaffeetrinken neben Elisa und leckte die Krümel vom Teller.
Das Ferkel schlief neben Elisa im Körbchen.

c) *So könnte deine Lösung aussehen:*
Rosi ist erst nicht zu sehen.
Das Schwein kommt herein und springt neben Elisa aufs Sofa. Dieses bricht durch.

d) *So könnte deine Lösung aussehen:*
Elisa erkennt, dass Rosi nun ein großes Schwein ist und kein Ferkel mehr.

Seite 18

4 *So könnte deine Lösung aussehen:*
1. (*Einleitung*) Abschnitt (Z. 1–7): Freude auf den Urlaub bei der Oma
(*Hauptteil*)
2. Abschnitt (Z. 8–17): Warten auf Rosi
3. Abschnitt (Z. 18–25): Erinnerung an letztes Jahr
4. Abschnitt (Z. 26–31): Rosi stürmt herein
5. (*Schluss*) Abschnitt (Z. 32–34): Rosi ist kein Ferkel mehr

c) Spannungskurve von „Rosis Verwandlung":

d) Höhepunkt: Z. 26–31

5 Die Erzählung ist im Präteritum geschrieben.

6 *So könnte deine Lösung aussehen:*
Elisa freute sich sehr auf die Herbstferien auf dem Bauernhof ihrer Oma Ursula mit Dackel Fips und Schweinchen Rosi. Alle begrüßten sie bei ihrer Ankunft und freuten sich, dass sie kam, nur Rosi war nirgends zu sehen. Elisa sah sich suchend um. „Warte ab, du wirst sie schon noch sehen", schmunzelte ihre Oma. „Komm, wir wollen erst einmal Kuchen essen und Schokolade trinken."
Beim Kaffeetrinken musste Elisa an das vorige Jahr denken, als Rosi nachmittags immer neben ihr saß und die Krümel von ihrem Teller stibitzte. Elisa machte sich allmählich Sorgen, dass Rosi vielleicht geschlachtet worden sein könnte. „Sie wird dich schon gleich riechen und dann angerannt kommen", beruhigte sie Oma Ursula. Elisa machte sich trotzdem Sorgen.
Sie erinnerte sich, wie Rosi im vergangenen Jahr immer in einem Körbchen neben ihrem Bett geschlafen hatte.
Da ging plötzlich die Tür auf und Rosi, die nun ein großes Schwein war, stürmte herein und sprang neben Elisa aufs Sofa. Dieses brach sofort zusammen und Elisa landete lachend auf dem Boden.
Rosi und Elisa spielten den ganzen weiteren Tag vor Omas Küchenfenster. „Nun kann Rosi nicht mehr neben meinem Bett schlafen", sagte Elisa. „Gut, dass du das einsiehst", antwortete ihre Oma lachend.

Seite 19

1 Adressaten: kleine Kinder
Thema: Überraschungen am letzten Wandertag
Ziel: die Adressaten unterhalten
Schreibform: Erzählen

2 Stichpunktzettel Nummer 3 eignet sich am besten für eine Erzählung zum Thema „Überraschungen", weil er ein überraschendes Ereignis (Hasenfamilie) enthält.

Seite 20

3 *So könnte deine Lösung aussehen:*
Schreibplan
Adressaten: kleine Kinder
Schreibziel: unterhalten
Thema: Ein Wandertag mit Überraschungen
Ort: Gleisberge
Zeit: Vormittag im Sommer
Personen: unsere Klasse, Klassenlehrerin
Frau Sommer, Kunstlehrerin Frau Möller,
Simon, Jana, Ich-Erzähler/in
Erzählschritte:
1. Wanderung
2. Rast mit Picknick
3. Aufgabe, Bäume abzuzeichnen
4. Schreck: Rascheln hinter Gebüsch
5. Hasenfamilie hoppelt heraus
6. Erleichterung und Freude

Seite 21

5 *So könnte deine Lösung aussehen:*
↗ s. Tabelle unten

1 *So könnte deine Lösung aussehen:*
Einleitung:
Eigentlich hatten wir dieses Mal gar keine Lust,
schon wieder einen Ausflug auf die Gleisberge
zu machen, aber unsere Lehrerin, Frau Sommer,
war der Ansicht, dass an einem so schönen
Vormittag nur eine Wanderung mit Picknick in
Frage kam. Also wanderten wir mit unserer
Klasse, Frau Sommer und unserer Kunstlehrerin,
Frau Möller, gleich um 8:00 Uhr morgens los ...

2 b) *So könnte deine Lösung aussehen:*
Überraschung:
Sie traute ihren Augen nicht.
Er rieb sich die Augen.
Ihr blieb der Mund offen stehen.

Seite 22

3 bis 6 *So könnte deine Lösung aussehen:*
Hauptteil:
Nach einem kleinen Picknick verteilte Frau
Möller Zeichenblöcke und Bleistifte und gab
uns den Auftrag, interessant aussehende Bäume
zu suchen und diese abzuzeichnen. Wir
schwärmten sofort in kleinen Gruppen aus und
suchten nach geeigneten Bäumen. Simon, Jana
und ich fanden eine knorrige, alte Eiche, machten es uns im Gras bequem und hatten gerade
unsere Zeichenblöcke aufgeschlagen. Da hörten
wir plötzlich ein leises Rascheln im Gebüsch.
Wir zuckten zusammen. „*Hast du das gehört?*",
rief Jana, starr vor Schreck. „*Was kann das sein?*",
frage Simon leise. Wir hielten die Luft an und
lauschten. Nun war nichts mehr zu hören. Also
beugten wir uns wieder über unsere Zeichenblöcke. In diesem Moment raschelte es wieder.
„*Vielleicht versteckt sich jemand hinter dem Busch und
beobachtet uns*", flüsterte ich Jana und Simon zu.
Wir wurden unruhig. „*Kommt, lasst uns abhauen*",
sagte Jana. Simon stand leise auf und schaute
nach, konnte aber nichts entdecken. „*Vielleicht
war es nur ein Vogel*", versuchte er die anderen zu
beruhigen. Wir entschlossen uns, von nun an
das Rascheln zu überhören. Als wir mit unseren
Zeichnungen fast fertig waren, raschelte es
wieder, und zwar ziemlich laut. Allmählich

Einleitung	Hauptteil	Schluss
◐ Vormittag im Sommer ◐ Ausflug zu den Gleisbergen ◐ unsere Klasse ◐ Klassenlehrerin Frau Sommer ◐ Kunstlehrerin Frau Möller	◐ Wanderung ◐ Rast mit Picknick ◐ Aufgabe, Bäume abzuzeichnen ◐ Jana, Simon und ich ◐ Schreck: Rascheln hinter Gebüsch ◐ Hasenfamilie hoppelt heraus	◐ Erleichterung und Freude

Tabelle zu Seite 21, Aufgabe 5

bekamen wir Panik. *„Nur weg hier!"*, rief Simon. Wir packten schnell unsere Sachen zusammen und wollten gerade losrennen, als Jana plötzlich rief: *„Oh, schaut mal, wie süß!"* Überrascht drehten wir uns um und sahen, wie eine ganze Hasenfamilie mit Vater, Mutter und sechs kleinen Häschen aus dem Gebüsch gehoppelt kam. *„Das ist ja eine Überraschung!"*, riefen Simon und ich wie aus einem Mund und fielen uns erleichtert in die Arme.

Schluss:
Wir beobachteten die Hasenfamilie noch eine Weile, bis sie wieder im Gebüsch verschwunden war. Dann gingen wir zurück zu den anderen und erzählten ihnen von unserem aufregenden Erlebnis.

Seite 23

3 *So könnte deine Lösung aussehen:*
sagen: flüstern, tuscheln, erwidern, antworten, entgegnen, widersprechen
gehen: bummeln, trödeln, laufen, rennen, hüpfen, eilen, huschen, humpeln
sehen: entdecken, beobachten, erkennen

5 *So könnte deine Lösung aussehen:*
das Gebüsch: stachelig, kratzig, dunkel, niedrig, hoch
die Suche: gründlich, lang, kurz, eilig, ausführlich

Seite 24

1 Adressaten: Schüler/innen der 5. oder 6. Klasse
Thema: unheimliches Erlebnis
Ziel: die Adressaten unterhalten und mitfühlen lassen
Schreibform: Erzählen

2 *So könnte deine Lösung aussehen:*
Schreck um Mitternacht: Zeltübernachtung, dunkel, Licht des Leuchtturms, Geräusche, Angst, Reißverschluss öffnet sich, Taschenlampe, Simon steckt Kopf rein, Erleichterung

3 bis 5 *So könnte deine Lösung aussehen:*
Schreibplan
Adressaten: Schüler/innen der 5. oder 6. Klasse
Schreibziel: unterhalten, Spannung erzeugen
Thema: Eine unheimliche Zeltübernachtung
Ort: Zeltplatz auf Rügen, Ostsee
Zeit: nachts
Personen: Carl, Tom, Simon, Ich-Erzähler/in
Erzählschritte:
Einleitung:
○ Zeltübernachtung am Meer
Hauptteil:
○ unheimliche Geräusche
○ jemand macht sich am Zeltreißverschluss zu schaffen
○ Reißverschluss öffnet sich leise
○ Simon kommt herein
Schluss:
○ Erleichterung
○ schlafen wieder ein

Seite 25

1 *So könnte deine Lösung aussehen:*
Schreck um Mitternacht
Einleitung: Dieses Jahr hatte ich endlich meine Eltern überzeugt, dass ich mit Tom, Simon und Carl alleine auf Rügen zelten durfte. Unsere Eltern brachten uns am Abend mit dem Auto zum Zeltplatz und fuhren dann zurück in ihr Ferienquartier. Voller Begeisterung bauten wir sofort unsere Zelte auf, machten es uns gemütlich und legten uns in unsere Schlafsäcke …

2 a) Es wird viel wörtliche Rede verwendet, dadurch wird der Text spannender.

b) *Angekreuzt werden müssen:*
○ Sie erzeugt einen Spannungsbogen.
○ Der Text wirkt dadurch lebendiger und anschaulicher.
○ Die Leser/innen können sich in die Situation der Figuren besser hineinversetzen.

c) *So könnte deine Lösung aussehen:*
sagen: fragen, murmeln, antworten, entgegnen, ergänzen, rufen, schreien, jammern

d) *So könnte deine Lösung aussehen:*
Hauptteil: Doch gleich in der ersten Nacht passierte etwas Unheimliches: Es war fast Mitternacht, wir waren gerade dabei einzuschlafen, als wir durch ein seltsames Geräusch wieder geweckt wurden. Wir waren alle mit einem Schlag hellwach. „Was war das?", *flüsterte* Carl. Tom *antwortete:* „Du hast geträumt, ich habe nichts gehört." „Aber da war ein Geräusch", *stotterte* Carl, „sonst wäre ich nicht wach geworden." „Warum hört man dann jetzt nichts mehr?", *fragte* Tom. „Ich habe Angst.", *murmelte* ich. „Jetzt reicht es aber, seid nicht solche Feiglinge!", *rief* Tom ...

Seite 26

3 *So könnte deine Lösung aussehen:*
Hauptteil (Fortsetzung): Nur das Licht vom Leuchtturm erhellte in regelmäßigen Abständen unser Zelt. Da war es wieder, das Geräusch. Ruckartig drehte ich mich um und blickte in die Richtung, aus der das Rascheln gekommen war. *„Wer ist das?",* *schrie* ich erschrocken. Nun wachten auch Carl und Tom auf. Carl *maulte* genervt: *„Was schreist du hier so rum? Ich will schlafen."* Als ich gerade dabei war, ihm leise die Situation zu erklären, drückte sich etwas durch die enge Reißverschlussöffnung unseres Zeltes. Wir krochen eng zusammen und rutschten bis in die äußerste Ecke des Zeltes. *„Da kommt jemand",* *flüsterte* Tom ängstlich in mein Ohr. Ich *fragte* leise: *„Meinst du, es will jemand unsere Sachen stehlen?"* Da wurde plötzlich leise der Reißverschluss aufgezogen. Endlich fiel ein Lichtstrahl aus Toms Hand in Richtung Zeltausgang und alle mussten lachen, als sie die Ursache der nächtlichen Störung erkannten. *„Ach du bist das!",* *rief* Carl erleichtert. Simon hatte vorsichtig seinen Kopf durch die Lücke im Reißverschluss gezwängt und hing nun fest.

4 b) und c)
Schluss: Erleichtert sanken wir zurück auf unsere Isomatten. Allmählich fiel die Aufregung von uns ab und wir konnten wieder einschlafen.

Mögliche Überschriften:
- Schreck um Mitternacht
- Geisterstunde

Seite 27 / Seite 28

1 Adressaten: Schüler/innen der 5. oder 6. Klasse
Thema: Erlebnisse mit Tieren
Ziel: die Adressaten unterhalten und mitfühlen lassen
Schreibform: Erzählen

2, 4 und 5 *So könnte deine Lösung aussehen:*
Schreibplan
Adressaten: Schüler/innen der 5. oder 6. Klasse
Schreibziel: unterhalten, Spannung erzeugen
Thema: Die ausgesetzten Katzenbabys
Ort: Wald
Zeit: Winter
Personen: Vater, Mutter, Ich-Erzähler/in
Erzählschritte:
Einleitung:
- Spaziergang im Winterwald mit den Eltern
Hauptteil:
- Ankunft im Winterwald
- Gang durch dichtes Gebüsch
- leises Fiepen
- Entdeckung des Pappkartons
- Öffnung und Fund von drei Katzenbabys
Schluss:
- Einpacken der Katzenbabys in Strickjacken und Schals
- Einrichtung eines Katzenkörbchens

Seite 28

1 *So könnte deine Lösung aussehen:*
Einleitung: Eigentlich hatte ich gar keine Lust, schon wieder mit meinen Eltern spazieren zu gehen, vor allem weil draußen ein eisiger Wind wehte und einem die Schneeflocken ins Gesicht trieb. Zudem wurde es bald dunkel und damit noch ungemütlicher im Wald. Wir gingen trotzdem los. Meine Eltern vorneweg und ich stapfte maulend und schlecht gelaunt hinterher.

2 *So könnte deine Lösung aussehen:*

Erzählschritte	Hören	Sehen	Fühlen
Ankunft im Winterwald	Wind heult	mit Schnee bedeckte Bäume	eiskalter Wind
Gang durch dichtes Gebüsch	Schnee knirscht, leises Fiepen	dämmeriges Licht	Zweige streifen das Gesicht
Entdeckung des Pappkartons	keine Geräusche	verschneite Pappe	kalte Finger, steife Pappe
Öffnung und Entdeckung der Katzenbabys	Miauen	Katzenbabys, große Augen	struppiges Fell
Einpacken der jungen Katzen	Schnurren	Katzen kuscheln sich ein	kuschelige und warme Strickjacken

Seite 29

3 und 4 a) *So könnte deine Lösung aussehen:*
Hauptteil: Als wir im Wald angekommen waren, hörten wir plötzlich ein leises Fiepen aus dem Gebüsch direkt vor uns. „Hast du das auch gehört?", fragte ich meine Mutter. Sie nickte und auch mein Vater drehte sich um. Da fiepte es wieder, ganz leise. „Lasst uns doch mal nachschauen", schlug mein Vater vor, „vielleicht ist es ja ein verletztes Tier." Wir bahnten uns also einen Weg durch das Gebüsch und entdeckten einen mit Schnee bedeckten Pappkarton. Vorsichtig öffnete meine Mutter ihn. „Da hat wohl wieder jemand seinen Müll im Wald entsorgt", schimpfte mein Vater. Aber was war das? Wir trauten unseren Augen nicht: Da saßen drei kleine Katzenbabys auf einem alten, gammeligen Kissen, miauten leise und schauten uns mit großen, verängstigten Augen an. „Das kann doch nicht wahr sein!", rief ich. „Da hat jemand einfach diese kleinen niedlichen Tiere mitten im Winter im Wald ausgesetzt!" Wir nahmen die struppigen Katzenbabys auf den Arm, wärmten und streichelten sie, bis sie leise anfingen zu schnurren. „Kommt, lasst uns schnell nach Hause gehen", schlug meine Mutter vor. Das taten wir auch.

Schluss: Wir wickelten die drei Katzenbabys in unsere Strickjacken und Schals, setzten sie in den offenen Karton zurück und liefen im Eilschritt nach Hause. Dort richteten wir als Erstes den drei Katzen ein kuscheliges Katzenkörbchen direkt neben unserem Ofen ein.

Seite 30

2 b) *So könnte deine Lösung aussehen:*
Auffällige Formulierungen: gekringelter Pausebart (Z. 1); seine langen Ohrläppchen wackelten wild am Kopf hin und her (Z. 1 f.); Nörgelgewitter (Z. 4); Fantalusien (Z. 4); die aussahen wie ausgetretene Zuckertüten (Z. 6)

c) *So könnte deine Lösung aussehen:*
Pausebart: dicker, aufgeplusterter Bart
Nörgelgewitter: starkes Gebrummel oder Geschimpfe

Seite 31

1 und 2 *So könnte deine Lösung aussehen:*
Schreibplan
Adressaten: Schüler/innen von 10 bis 16 Jahren
Thema: Träume
Ziel: Adressaten unterhalten und in Fantasiewelt entführen
Schreibform: Erzählen
Ort: Zimmer der Erzählerin / des Erzählers
Zeit: nachts
Personen: Ich-Erzähler, seltsame Gestalt

Erzählschritte:
Einleitung:
- Einschlafen und tiefer, traumloser Schlaf

Hauptteil:
- Klopfgeräusche und Luftzug
- Schreibtisch-Schublade öffnet sich
- seltsame Gestalt schaut heraus
- verkrieche mich unter der Bettdecke
- Gestalt kommt näher
- Bettdecke wird etwas weggezogen
- großer Schreck

Schluss:
- wache plötzlich auf
- Katze liegt am Fußende des Bettes

Seite 33

1 *So könnte deine Lösung aussehen:*
Einleitung: Nach einem anstrengenden Tag war ich gerade in einen tiefen, traumlosen Schlaf gefallen, als ich plötzlich durch ein klopfendes Geräusch geweckt wurde. Ich setzte mich hin und blickte durch mein Zimmer, um herauszufinden, woher das Geräusch kam, konnte aber nichts entdecken. Also legte ich mich wieder hin und kuschelte mich in meine Decke ein. ...

2 Wattewolken, Luft- oder Windbacken, Kleefee, Zauberblüten, Wetterhexe

3 und 4 *So könnte deine Lösung aussehen:*
Hauptteil: Da war es plötzlich wieder, das klopfende Geräusch. Es hörte sich an, als ob jemand auf die Tischplatte meines Schreibtisches klopfte. Jetzt öffnete sich auch noch meine Schreibtisch-Schublade und heraus kam eine sonderbare Gestalt mit Katzenaugen und einem Krähenschnabel. Die Gestalt hüpfte wie ein Känguru, sprang vom Tisch, kam in großen Sprüngen auf mich zu und machte dabei ekelhafte, schnarrende Geräusche. „Was kann das sein?", schoss es mir durch den Kopf. Ich versteckte mich schnell unter meiner Bettdecke. Die Geräusche wurden lauter und lauter und ich hatte das Gefühl, dass sich noch mehr seltsame Gestalten in meinem Zimmer aufhielten. „Bitte, bitte, lasst mich in Ruhe!", jammerte ich leise. Ich hörte, wie der Kleiderschrank sich mit einem Knarzen öffnete, das Fenster flog auf und herein kam ein eisiger Wind. Das schnarrende Geräusch kam immer näher. Plötzlich zog etwas

an meiner Bettdecke und irgendetwas Weiches kitzelte an meinen Füßen. Da schrie ich laut auf.

Schluss: Im nächsten Moment kam meine Mutter ins Zimmer. „Was hast du denn, Nina?", fragte sie beunruhigt. Ich brachte immer noch kein Wort raus. Da entdeckte ich unsere Katze Milli, die es sich am Fußende meines Bettes bequem gemacht hatte und laut vor sich hin schnurrte. Jetzt wurde mir zumindest teilweise klar, was geschehen war. Die seltsamen Gestalten waren und blieben jedoch verschwunden.

Überschrift:
Geräusche in der Nacht

Seite 34

1 und 2 *So könnte deine Lösung aussehen:*
Schreibplan
Adressaten: Schüler/innen von 10 bis 16 Jahren
Thema: Zeitreise
Ziel: die Adressaten unterhalten und in Fantasiewelt entführen
Schreibform: Erzählen
Ort: Dachboden, Pyramide im alten Ägypten
Zeit: heute und vor 2000 Jahren
Personen: Jan und Lisa
Erzählschritte:
Einleitung:
- Jan und Lisa spielen auf altem Dachboden
- Kinder finden seltsames Fahrzeug

Hauptteil:
- Kinder steigen ein und drücken auf Knöpfe
- unternehmen Zeitreise ins alte Ägypten
- kommen vor Pyramiden an
- entdecken alten Sarkophag in der Pyramide
- Nebelschwaden in Menschengestalt steigen auf
- warnen Kinder vor dem Fluch des Pharao
- Kinder rennen zur Zeitmaschine zurück

Schluss:
- Kinder sind wieder zurück auf altem Dachboden
- erzählen ihrem Urgroßvater die Geschichte

Seite 35

2 und 3 *So könnte deine Lösung aussehen:*
Hauptteil: Als sie die Augen wieder öffneten, blinzelten sie erstaunt in die Sonne. Es war plötzlich unglaublich heiß und der Schweiß tropfte von ihrer Stirn. Sie rieben sich mehrmals die Augen, denn sie konnten nicht glauben, wo sie jetzt waren: Unter ihnen war heißer Wüstensand und vor ihnen standen riesige Pyramiden. „Wo sind wir denn gelandet?", rief Lisa erstaunt. „Sieht nach dem Alten Ägypten aus", murmelte Jan verwirrt. „Komm, lass uns mal in eine Pyramide reingehen", schlug Lisa begeistert vor. Jan zögerte etwas, kam dann aber doch mit. Drinnen mussten sich ihre Augen erst einmal an die Dunkelheit gewöhnen. Es roch feucht und muffig. Jan und Lisa tasteten sich leise vorwärts. Doch plötzlich blieben sie erstaunt stehen: Vor ihnen lag eine riesige Grabkammer mit einem vergoldeten Sarkophag in der Mitte. Sie näherten sich vorsichtig. Auf einmal begannen Nebelschwaden aus dem Sarkophag aufzusteigen. Sie sahen aus wie die Umrisse von Menschen und Tieren und machten Geräusche. Jan und Lisa sahen sich erschrocken an und lauschten ängstlich. Die Geräusche wurden zu murmelnden Stimmen, die nicht genau zu verstehen waren. „Das ist bestimmt der Fluch des Pharao!", rief Jan, „komm, lass uns abhauen". Sie drehten sich um und rannten, ohne noch mal zurückzuschauen, so schnell sie konnten Richtung Ausgang. Draußen stiegen sie in ihre Zeitmaschine, und ehe sie sich's versahen, saßen sie ganz verdutzt wieder zuhause auf dem alten Dachboden.

Schluss: „Haben wir alles nur geträumt?", fragte Lisa. „Keine Ahnung", entgegnete Jan, aber dann müssten wir ja beide den gleichen Traum gehabt haben. „Komm, lass uns die Geschichte Urgroßvater erzählen", schlug Lisa vor, „vielleicht weiß er ja, was es mit dem eigenartigen Gefährt auf seinem Dachboden auf sich hat."

Seite 38

1 und 2 *Es sind unterschiedliche Lösungen möglich.*

Seite 39

1 und 2 *Es sind unterschiedliche Lösungen möglich.*

Seite 41

2 Die Adressaten sind Eltern oder Großeltern. — Text Nr. 3

Der Adressat ist die Finderin oder der Finder der Jacke. — Text Nr. 1

Der Adressat ist jemand, der die Jacke kaufen soll. — Text Nr. 2

3	
Der Verfasser will den Leser über die außerordentliche Qualität der Jacke informieren und ihn vom Kauf überzeugen.	Text Nr. 2
Der Verfasser will den Leser von den persönlichen Vorteilen der Jacke und von seinem Wunsch überzeugen.	Text Nr. 3
Der Verfasser will den Leser über besondere Merkmale der Jacke informieren, damit dieser sie finden und zurückgeben kann.	Text Nr. 1

1 Adressaten: Schüler/innen und Lehrer/innen der Schule
Thema: Suche eines Pullovers
Schreibziel: der Finderin / dem Finder den Pullover so beschreiben, dass sie/er ihn erkennt
Schreibform: Beschreiben

Seite 42

3 *So könnte deine Lösung aussehen:*
Allgemeines Aussehen:
Kapuzenpulli – mittelblau
Besondere Merkmale: zwei weiße Streifen auf der Schulter – weißes, dreieckiges Logo auf der linken Brustseite

1 *So könnte deine Lösung aussehen:*
Die Beschreibung passt auf alle drei Pullover, weil die besonderen Merkmale der drei Pullover nicht genau genug beschrieben werden.

Seite 43

2 *So könnte deine Lösung aussehen:*
blau: hellblau, dunkelblau, mittelblau, taubenblau, …
gelb: hellgelb, goldgelb, maisgelb, …
rot: dunkelrot, hellrot, kirschrot, …

3 Von links nach rechts: rund, rechteckig, quadratisch, trapezförmig, dreieckig, oval

4 *So könnte deine Lösung aussehen:*
eine Brotkruste: hart, weich, rau, rissig, glatt, …
die Oberfläche eines Holztisches: glatt, rau, seidig, warm, kühl, …
die Oberfläche eines Teppichs: weich, flauschig, kratzig, hart, …

5 *So könnte deine Lösung aussehen:*
Bei unserem Schulfest am vergangenen Samstag habe ich meinen blauen Kapuzenpulli in der Umkleidekabine der Turnhalle verloren.
Der Pullover ist mittelblau, hat zwei weiße Streifen auf beiden Schultern und ein dreieckiges weißes Logo auf der linken Brustseite.
Wenn ihr den Pulli findet, gebt ihn mir bitte zurück.
Nina Seidel, Klasse 5 a

Seite 44

1 Adressaten: Schüler/innen der Schule
Thema: Verkauf eines Füllfederhalters
Ziel: Adressaten über die Besonderheiten des Füllers informieren und zum Kauf anregen
Schreibform: Beschreiben

Seite 45

3 *So könnte deine Lösung aussehen:*

Oberbegriffe	Merkmale und Eigenschaften	Reihenfolge
Zustand und Neupreis	○ normale Gebrauchsspuren ○ ein Jahr alt ○ Neupreis: 15,90 Euro	4
die auffälligsten Merkmale/ Eigenschaften	○ schwarz ○ robuster Kunststoff ○ polierte Edelstahlfeder ○ Schutzkappe mit rotem Metallclip	2
Angaben zu Marke und Modell	○ KAMY X14 ○ Federstärke M (mittel) ○ für Rechtshänder	1
Besonderheiten	○ Griffmulden ○ zwei Sichtfenster	3
wichtige Zusatzinformationen für die Käuferin / den Käufer	○ Verkäuferin: Jana Schröder, Klasse 6 b, Tel.: 0123-6789 ○ Verkaufspreis: 9 Euro	5

1 robust: stabil
poliert: glänzend gemacht
markant: auffallend
Metallclip: Teil zum Anklemmen

Seite 46

2 Verkaufe Füllfederhalter von KAMY
Ich biete einen *gut erhaltenen* Füllfederhalter von KAMY, Modell X14, zum Verkauf an.
Der Füller *besteht aus* robustem Kunststoff und hat eine *polierte* Edelstahlfeder. Er *zeichnet sich aus durch* angenehme Griffmulden, einen *roten* Metallclip und zwei Sichtfenster. Nach einjährigem Gebrauch *weist er* normale Gebrauchsspuren *auf*, er ist aber voll funktionstüchtig. Der Neupreis *betrug* 15,90 €. Ich hätte gerne noch 9 € dafür.
Wenn du interessiert bist, ruf mich bitte unter der Telefonnummer 0123-6789 an.

Seite 47

1 Adressaten: Finder/innen des Hundes
Ziel: Tier soll erkannt werden
Thema: Suche nach einem Hund
Schreibform: Beschreiben

3 *So könnte deine Lösung aussehen:*
Hunderasse: Rauhaardackel
Fell: schwarz-grau, sehr kurz, an der Brust und an den Pfoten leicht bräunlich
Ohren: große Schlappohren mit glattem, dunklem Fell
Augen: dunkelbraun/schwarz
Besondere Kennzeichen: silberne Kette mit Hundeknochenanhänger um den Hals

Seite 48

4 *So könnte deine Lösung aussehen:*
Körperbau: dick, dünn, stämmig, langbeinig, klein, groß, schlank, mittelgroß, ...
Fell: weich, glatt, braun, graubraun, schwarz, gefleckt, weiß, lang, kurz, ...
Ohren: stehend, rund, anliegend, abstehend ...
Augen: braun, blau, oval, rund, schmal, ...

6 Adressaten: Tierliebhaber, die sich einen Hund anschaffen würden
Thema: Suche nach einem neuen Zuhause für einen Dackel

Ziel: den Hund so beschreiben, dass die Adressaten wissen, ob er für sie geeignet ist
Schreibform: Beschreiben

7 *So könnte deine Lösung aussehen:*
Rasse: Langhaardackel
Alter: 2 Jahre
Aussehen: hellbraunes, langes, lockiges Fell
Eigenschaften: anhänglich, verspielt, kinderlieb

1 a) *So könnte deine Lösung aussehen:*
Kurzhaardackel entlaufen
Letzten Dienstag ist bei einem Spaziergang im Stadtwald unser Rauhaardackel entlaufen.
Er hat sehr kurzes, grau-schwarzes, an der Brust und an den Pfoten leicht bräunliches Fell und große, schwarze Schlappohren. Als besonderes Erkennungsmerkmal hat er ein silbernes Metallhalsband um den Hals mit einem hellgrauen Anhänger in Knochenform.
Wenn Sie unseren Hund irgendwo gesehen haben, melden Sie sich bitte bei Familie Geiger, Tel.: 2222-12345.

b) *So könnte deine Lösung aussehen:*
Wir suchen ein neues, liebevolles Zuhause für unseren 2 Jahre alten Langhaardackel.
Der Hund ist sehr anhänglich und verspielt und ist an den Umgang mit kleinen Kindern gewöhnt.
Wenn Sie Interesse und Zeit haben, den Hund bei sich aufzunehmen, melden Sie sich bitte bei Christian Fischer, Tel.: 2323-4545.

Seite 49

1 Adressaten: Lehrer/in, Mitschüler/innen
Thema: Beschreibung des Waldkauzes
Ziel: Adressaten über den Waldkauz informieren und belegen, dass man selbst etwas über den Waldkauz weiß
Schreibform: Beschreiben
Vorwissen der Adressaten: viel Vorwissen

2 bis 4
der Waldkauz (unteres Foto)
Allgemeines: gehört zur Vogelart der Eulen, in Europa beheimatet
Aussehen: dicker, runder Kopf ohne Federohren – gedrungene Gestalt – Gefieder: auf hellem Grund bräunlich oder grau gefleckt – Größe etwa 40 cm, Spannweite 94 bis 104 cm

Nahrung: kleine Säugetiere, z. B. Mäuse – Vögel, z. B. Spatzen und Tauben
Nistverhalten: 2 bis 5 weiße Eier (ab März) – Brutzeit: 28 bis 29 Tage – eine Jahresbrut – bevorzugte Nistplätze: Baumhöhlen, alte Gebäude, Dachböden

1 *So könnte deine Lösung aussehen:*
Der Waldkauz
Der Waldkauz ist in Europa beheimatet und gehört zur Vogelart der Eulen.
Er ist ca. 40 cm groß, hat eine gedrungene Gestalt und einen dicken, runden Kopf ohne Federohren. Sein Gefieder ist bräunlich oder grau gefleckt auf hellem Grund. Die Spannweite des Waldkauzes reicht von 94 cm bis zu 104 cm. Der Waldkauz ernährt sich vorwiegend von kleinen Säugetieren, z. B. von Mäusen, aber auch von Vögeln wie Spatzen und Tauben. Seine Nistplätze sucht der Waldkauz meist in Baumhöhlen. Manchmal nistet er jedoch auch in alten Gebäuden oder auf Dachböden. Dabei legt er einmal im Jahr 2 bis 5 weiße Eier, aus denen die Jungen nach 28 bis 29 Tagen Brutzeit ausschlüpfen.

Seite 50

1 *Folgende Aussagen müssen angekreuzt werden:*
- ○ eine präzise Wortwahl
- ○ einen sachlichen Stil ohne Ausschmückungen
- ○ die Verwendung von Fachwörtern
- ○ eine möglichst knappe Beschreibung der einzelnen Schritte

2 Adressaten: Kinder im Alter zwischen 10 und 12 Jahren
Thema: Bastelanleitung für einen Papierflieger
Ziel: die Adressaten genau über die einzelnen Schritte informieren

3 b) Beschriftung linke Skizze (von links nach rechts und von oben nach unten):
senkrecht – diagonal – waagerecht
Beschriftung der mittleren Skizze: quer
Beschriftung der rechten Skizze: hochkant

Seite 51

4 1. DIN-A4-Blatt quer legen – lange Kanten aufeinanderlegen, Papier falzen – Papier auffalten – die beiden linken Ecken zur Mittellinie falten – neue Ecken nochmal zur Mittellinie falten
2. Spitze zur unteren Kante falten
3. die neu entstandenen Ecken noch mal zur Mittellinie falten
4. Spitze nach oben klappen – Papier wenden
5. Papier an der Mittellinie auf beiden Seiten hochklappen – äußere Flügelkanten bis zur Mittellinie runterklappen

Seite 52

1 zuerst: zunächst – vorher
gleichzeitig: inzwischen – währenddessen – parallel dazu – in der Zwischenzeit
später: abschließend – dann – anschließend – daraufhin – danach – schließlich – nun – jetzt

2 und 3 *So könnte deine Lösung aussehen:*

Bastelanleitung für einen Papierflieger

Um einen Papierflieger zu basteln, brauchst du ein DIN A4-Papier.

Lege das Blatt quer vor dich hin und falte die beiden langen Kanten aufeinander. Klappe das Papier wieder auf und falte nun die beiden linken Ecken zur Mittellinie. Die neu entstandenen Ecken faltest du noch einmal zur Mittellinie.

Klappe dann die entstandene Spitze entlang der Mittellinie nach unten bis zur gegenüberliegenden Kante.

Anschließend faltest du die neu entstandenen Ecken noch einmal zur Mittellinie.

Nun drehst du das Blatt um und faltest die Spitze wieder nach oben.

Klappe in einem letzten Schritt die beiden Seiten des Fliegers entlang der Mittellinie nach oben und falte dann die Außenkanten der Flügel wieder nach unten auf die Mittellinie.

Nun kannst du den Flieger starten lassen.

Zur Verdeutlichung der Anleitung eignen sich besonders die Bilder 2, 4 und 5.

Seite 53

1 b) *So könnte deine Lösung aussehen:*
Zunächst legt man das Papier hochkant vor sich hin. Anschließend wird die obere Kante zur unteren gefaltet. Nun öffnet man das Blatt wieder, faltet die rechte Kante zur linken und klappt es wieder auf.

c) *So könnte deine Lösung aussehen:*
Lege das Papier hochkant vor dich hin und falte die obere Kante zur unteren. Öffne das Blatt wieder und falte die rechte Kante zur linken. Nun klappst du das Papier wieder auf.

2 *So könnte deine Lösung aussehen:*
Nimm ein *rechteckiges* Blatt Papier und lege es *quer* vor dich hin. Falte die *langen* Kanten aufeinander und klappe das Papier wieder auf. Lege anschließend die *kurzen* Kanten aufeinander und falze das Papier. Nachdem du das Papier wieder aufgeklappt hast, faltest du die *beiden linken* Ecken zur Mittellinie.

Seite 54

1 Adressaten: Mutter (erwachsene Frau)
Thema: Rezept
Ziel: die einzelnen Schritte so genau beschreiben, dass die Mutter das Rezept nachmachen kann
Schreibform: Beschreiben
Vorwissen der Adressaten: kann kochen

2 und 3 *So könnte deine Lösung aussehen:*
Schoko-Erdbeeren für 4 Personen
Zutaten: 500 g Erdbeeren
        2 Tafeln Vollmilchschokolade
        ca. 5 EL Kokosflocken
Zubehör: kleiner Topf
        Backblech mit Backpapier
        Holz-Zahnstocher

Zubereitung:
Schokolade im Topf *schmelzen*
Erdbeeren *waschen*
Erdbeeren auf Holz-Zahnstocher *stecken*
wenn Schokolade flüssig, Erdbeeren *eintauchen*
Kokosraspeln darüber *streuen*
zum Abkühlen auf Backpapier *legen*
in Kühlschrank *stellen*

Zeit: ca. 20 min Zubereitungszeit + 1 Stunde Ruhezeit

Seite 55

1 a) rühren, bis kleine Bläschen entstehen: schaumig schlagen

mit den Händen kräftig zusammendrücken: kneten

heiß machen: erhitzen

die Schale abmachen: schälen

in kaltes Wasser tun: abschrecken

warten, bis die Flüssigkeit abgelaufen ist: abtropfen lassen

durcheinander machen: mischen

b) *So könnte deine Lösung aussehen:*
Die Eier müssen nach dem Kochen abgeschreckt werden.
Für den Gurkensalat muss die Gurke zunächst geschält werden.
Als Erstes muss das Eigelb schaumig geschlagen werden.
Den Salat muss man gründlich abtropfen lassen.

2 *So könnte deine Lösung aussehen:*
Mein Lieblingsrezept:
Schoko-Erdbeeren für 4 Personen
Zubereitungszeit: 20 Minuten + 1 Stunde Ruhezeit
Für die Zubereitung der Schoko-Erdbeeren benötigst du:
- 500 g Erdbeeren,
- 2 Tafeln Vollmilchschokolade und
- ca. 5 EL Kokosflocken.
Des Weiteren brauchst du
- einen kleinen Topf,
- ein mit Backpapier ausgelegtes Backblech und
- Holz-Zahnstocher.
Zunächst musst du die Erdbeeren waschen und jede Erdbeere auf einen Holz-Zahnstocher stecken.
Danach gibst du die Schokolade in kleinen Stücken in den Topf und bringst sie zum Schmelzen. Wenn die Schokolade flüssig ist, tauchst du die Erdbeeren hinein, streust

Kokosflocken über die Schokolade und legst die Erdbeeren zum Trocknen auf das Backblech. Wenn sie ganz trocken sind, stelle sie für eine Stunde in den Kühlschrank.
Guten Appetit!

Seite 58

1 b) *So könnte deine Lösung aussehen:*
Katze entlaufen
Ich vermisse seit Dienstag, den 23. 11., meine Katze Mimi.
Mimi wurde zuletzt am Vormittag dieses Tages am Ende der Waldemarstraße gesehen. Seitdem ist sie nicht mehr nach Hause zurückgekehrt.
Mimi ist braun-schwarz getigert und hat an der Brust und an den Pfoten weißes Fell. Da es sich um eine junge Katze handelt, ist sie noch sehr klein.
Wenn Sie die Katze sehen, melden Sie sich bitte bei Familie Schneider, Hochsitzweg 12 in Holzhausen oder unter der Telefonnummer 2222-2323.

2 *So könnte deine Lösung aussehen:*
Der Indische Elefant
Der Indische Elefant gehört gemeinsam mit dem Afrikanischen Elefanten zu den am weitesten verbreiteten Elefantenarten. Mit ca. 3 Meter Schulterhöhe ist er das zweitgrößte Landsäugetier. Die markanten Stoßzähne findet man in der Regel nur bei den Elefantenbullen.
Im Unterschied zum Afrikanischen Elefanten hat der Indische Elefant relativ kleine Ohren. Die Tragzeit eines Elefanten dauert ca. 22 Monate. Danach bringen die Elefantenkühe in der Regel nur ein Kalb zur Welt, das schon kurz nach der Geburt stehen kann und bereits ein Gewicht von ca. 100 kg hat.
Wie alle Elefanten ist auch der Indische Elefant ein Pflanzenfresser. Ein ausgewachsener Elefant benötigt ca. 150 kg Futter pro Tag, bestehend aus Gräsern, Blättern, Früchten, Zweigen, Wurzeln und Baumrinde.
In ihrer Heimat werden die Elefanten häufig als Nutztiere verwendet, z. B. als Zug- und Reittiere. Ein gut ausgebildetes Tier beherrscht bis zu 23 Kommandoworte.

Seite 59

1 b) *So könnte deine Lösung aussehen:*
Faltanleitung für ein Segelboot
Um das Papiersegelboot zu falten, brauchst du ein quadratisches Blatt Papier.
Falte das Blatt zunächst diagonal von Ecke zu Ecke (Zeichnung 1).
Lege anschließend das gefaltete Blatt so hin, dass die Spitze des Dreiecks rechts unten liegt, und falte den unteren Rand schräg nach oben (Zeichnung 2).
Stülpe nun den Bootsrumpf so nach außen um, dass das Segel in der Mitte steht (Zeichnung 3).
Knicke in einem letzten Schritt die beiden hinteren Ecken des Bootsrumpfes nach innen um (Zeichnung 4).

2 *So könnte deine Lösung aussehen:*
Faltanleitung für einen Papierhut
Für den Papierhut benötigt man ein rechteckiges Blatt Papier (z. B. im DIN-A4-Format). Zunächst faltet man die beiden kurzen Kanten aufeinander und legt das Blatt so vor sich hin, dass die offene Kante nach unten zeigt. Nun faltet man die linke Kante auf die rechte und klappt das Papier wieder auf (Zeichnung 1).
In einem weiteren Schritt faltet man die beiden oberen Ecken zur Mittellinie (Zeichnung 2).
Dann klappt man die untere Kante nach oben und knickt die überstehenden Ecken nach hinten um (Zeichnung 3 und 4). Nun wird der Hut umgedreht und der Vorgang wiederholt (Zeichnung 5). Damit ist der Papierhut fertig (Zeichnung 6).

Seite 61

2 Folgende Aussagen müssen angekreuzt werden:

Text 1
Allgemeine Merkmale:
Ich konnte mit den Personen mitfühlen und die Situation gut nachempfinden.
Der Text war spannend und unterhaltsam.
Adressaten:
Schüler/innen
Schreibziel:
zu unterhalten
zum Nachdenken anzuregen

Text 2
Allgemeine Merkmale:
Ich konnte im Text schnell genaue Angaben
zum Geschehen finden.
Der Text wirkte auf mich sachlich.
Ich habe nur die wichtigsten Informationen
erhalten.
Adressaten:
Zeitungsleser/innen
Ziel:
über den Vorfall zu informieren

Seite 62

3 Text 1:
Einleitung: Z.1–3
Hauptteil: Z.4–23
Schluss: Z.24–31

Text 2:
Einleitung: Z.1–2
Hauptteil: Z.3–8
Schluss: Z.9–10

4 b) Einleitung: Wer? Was? Wann? Wo?
Hauptteil: Wie? Warum?
Schluss: Mit welchem Ergebnis?

5 Das Merkwissen trifft auf Text 2 zu.

Seite 63

1 Adressat: Versicherung
Thema: Unfall bei Sportwettkampf
Ziel: knapp, aber vollständig über das Ereignis
informieren
Vorwissen des Adressaten: kein Vorwissen

2 Der Unfallbericht muss kurz und sachlich die
wichtigsten Ereignisse darstellen.

Seite 64

1 Um welche Sportart handelt es sich? *Volleyball*

Ist es ein Wettkampf oder eine Trainingsstunde?
Wettkampf

Welche Teams spielen gegeneinander?
FSG Eisenberg gegen RS Eisenberg

Welche Farbe haben die Trikots der Teams?
FSG Eisenberg: rot; RS Eisenberg: weiß

Was für Hosen tragen die Spieler? *kurze Hosen*

Wo findet die Veranstaltung statt? *Turnhalle des
FSG Eisenberg*

Wann findet die Veranstaltung statt?
15:00 – 18:30 Uhr

Wann ereignet sich der Unfall? *15:45 Uhr*

Was passiert bei dem Unfall? *Zusammenstoß von
zwei Spielern mit ihren Köpfen*

Warum passiert es? *beide Spieler wollten den
Ball fangen*

Welche Folgen hat der Unfall? *Kopfverletzung
eines Spielers*

Seite 64 bis 66

3 I. Personalien des Schadenverursachers: Wer?
II. Schadenanlass: Was?
III. Schadenhergang:
  1. Wo? Wann?
  2. Wer? Was? Wann? Wo? Wie? Warum?
     Welche Folgen?

Seite 67

1 1. Aussage: zu ausführlich, viele überflüssige
   Informationen
  2. Aussage: knapp und trotzdem genau
   formuliert
  3. Aussage: zu allgemein, Umgangssprache
  4. Aussage: zu ungenau
  5. Aussage: überflüssige Informationen

2 *So könnte deine Lösung aussehen:*
Während des Wettkampfs, kurz vor Ende des
1. Satzes, um 15:45 Uhr, kam es zu einem
Zusammenprall zwischen mir und einem Mit-
spieler des FSG. Dabei stießen wir so heftig mit
unseren Köpfen zusammen, dass mein Mitspie-
ler hinfiel und reglos auf dem Boden liegen
blieb. Als der Notarzt kam, war er schon wieder
bei Bewusstsein, wurde aber trotzdem ins Krankenhaus gebracht, weil er noch stark aus einer
Platzwunde an der Stirn blutete.

Seite 69

2 Adressaten: Schüler/innen der Schule und zum Teil auch Eltern und Lehrer/innen
Thema: ein Unfall an der Schule
Ziel: über den Unfall zu informieren
Vorwissen der Adressaten: einige wissen viel, die meisten wenig über den genauen Hergang des Unfalls

4 Einleitung: Erik Bauer, Unfall beim Kippeln in der Schule in der 3. Stunde
Hauptteil: Erik kippelt, Stuhl rutscht weg, fällt mit dem Kopf auf den Heizkörper, Platzwunde am Kopf
Schluss: Eltern bringen Erik ins Krankenhaus, Platzwunde wird genäht

Seite 70

1 *So könnte deine Lösung aussehen:*
Blutbad an einem ganz normalen Unterrichtsmorgen *übertrieben*

Kippeln mit schweren Folgen *ausgewählte Überschrift: benennt das Ereignis knapp und genau*

Ein Schüler der 6. Klasse stößt sich beim Kippeln den Kopf am Heizkörper *zu ausführlich*

Eine Fahrt ins Krankenhaus *benennt nicht das eigentliche Ereignis*

2 *So könnte deine Lösung aussehen:*
Am Montag ist in der Schule ein Unfall passiert. *zu ungenau*

Ihr habt bestimmt schon davon gehört: Ein schrecklicher Unfall ist passiert. Es geschah am 23. November. Es geschah hier an unserer Schule. *nicht knapp und sachlich formuliert, viele unnötige Wortwiederholungen*

Am 23. November ist ein voll krasser Unfall hier an unserer Schule passiert. *Umgangssprache*

Wie einige von euch bereits erfahren haben, ist am Montag, den 23. November, ein Unfall an unserer Schule passiert. *geeignete Einleitung*

Seite 71

3 *So könnte deine Lösung aussehen:*
Eine Zeugin berichtete, dass Erik bereits den ganzen Morgen gekippelt hatte.
Laut einem Mitschüler kamen die Eltern von Erik bereits nach fünf Minuten in der Schule an.
Die Sekretärin versicherte, dass Erik vermutlich morgen schon wieder in die Schule kommen könne.
Nach Zeugenaussagen hatte Erik eine große Platzwunde am Kopf.

4 a) Geeignete Empfehlung: Da wir wissen, wie verbreitet das Kippeln unter Schülerinnen und Schülern ist, möchten wir den Unfall als Anlass nehmen, euch nochmals zu bitten, dies zu unterlassen.

5 *So könnte deine Lösung aussehen:*
Kippeln mit schweren Folgen
Wie einige von euch bereits erfahren haben, ist am Montag, den 23. November, ein Unfall an unserer Schule passiert. Zu Beginn der 3. Stunde fiel Erik B. aus der 6. Klasse beim Kippeln mit dem Hinterkopf gegen einen Heizkörper.

Laut Zeugenaussagen hatte Erik B., der in der letzten Reihe im Physikraum saß, bereits die ganze Zeit gekippelt, als ihm plötzlich der Stuhl wegrutschte. Da er sich nirgends mehr festhalten konnte, prallte er mit dem Hinterkopf auf den Heizkörper hinter ihm. Dabei zog er sich eine große, stark blutende Platzwunde zu. Seine Eltern kamen umgehend und brachten ihn zum Nähen ins Krankenhaus. Glücklicherweise konnte Erik B. bereits am nächsten Tag wieder die Schule besuchen.

Obwohl dieser Unfall einigermaßen glimpflich ausgegangen ist, wir aber wissen, wie verbreitet das Kippeln unter Schülerinnen und Schülern ist, möchten wir den Unfall zum Anlass nehmen, euch nochmals zu bitten, dies in Zukunft zu unterlassen.

1 *So könnte deine Lösung aussehen:*
Der Unfall passierte im Physikraum am Anfang der 3. Stunde. Laut Zeugenaussagen kippelte ein Schüler der Klasse 6, der in der letzten Reihe saß, und rutschte weg. Da er sich nirgends mehr festhalten konnte, fiel er mit dem Kopf gegen den Heizkörper und zog sich eine große Platzwunde

am Kopf zu. Er musste ins Krankenhaus, wo er genä**h**t wurde.

Seite 73

2 Ziel von Text 1:
... knapp über den Ablauf und die wichtigsten Ereignisse des Wandertags zu informieren
Ziel von Text 2:
... genau über den Ablauf und die Ereignisse zu informieren und eine Einschätzung des Tags zu geben, sodass die Adressaten sich eine eigene Vorstellung machen können
... den Besuch des Kletterwalds zu empfehlen

3 *So könnte deine Lösung aussehen:*
Ich würde Text 2 abdrucken, weil er besser deutlich macht, was an dem Wandertag besonders war und die anderen Schüler/innen der Schule auf neue Ideen bringt.

Seite 74

1 Adressaten: Schüler/innen der Schule
Thema: Ein besonderer Wandertag
Ziel: Leser/innen über das Besondere informieren, eine Empfehlung geben
Vorwissen der Adressaten: kein Vorwissen zu diesem Ausflug

Seite 75

1 *So könnte deine Lösung aussehen:*
Unser Ausflug in die Eislaufhalle Eilenburg
Um 8:00 Uhr startete unser Bus zur Eislaufhalle in Eilenburg.
~~Die Fahrt war nicht besonders schön, da mich die ganze Zeit Übelkeit plagte. Deshalb war ich froh, als ich nach 50 Minuten endlich aussteigen durfte. Als wir den Bus verließen, goss es in Strömen und alle wurden nass bis auf die Knochen, was bei einigen in den kommenden Tagen zu einer Erkältung führte.~~

> nicht wichtig für Adressaten
>
> keine geeignete Empfehlung für den Ausflug

Die Eishalle war wenig besucht. So hatten wir viel Platz zum Austoben. An Wochentagen sei das die Regel, versicherte man uns.

2 *So könnte deine Lösung aussehen:*
Zuerst besuchten wir das Museum. Dort besichtigten wir zunächst die Abteilung mit den Mosaiken und nahmen dann an einem Workshop zum Thema „Mosaik" teil. Die Führerin erklärte uns dabei viel über unterschiedliche Techniken des Mosaiklegens.
Als alle mit ihren kleinen Kunstwerken fertig waren, aßen wir in der gemütlichen Museums-Cafeteria eine Kleinigkeit zu Mittag.
Nach dem Essen durften wir eine Stunde alleine in der Stadt bummeln und trafen uns kurz vor 16:00 Uhr wieder am Bus, um zurück nach Hause zu fahren.

Seite 78

2 und 3
So könnte deine Lösung aussehen:

Einleitung *Wer? Was? Wann? Wo?*	Hauptteil *Wie? Warum?*	Schluss *Mit welchen Folgen?*
❍ Kind mit Fahrrad ❍ Unfall mit Auto ❍ kurz vor halb acht ❍ Straßenkreuzung vor der Schule	❍ Kind fährt mit Fahrrad auf Radweg ❍ will Kreuzung überqueren ❍ Autofahrer will rechts abbiegen ❍ übersieht Kind mit Fahrrad ❍ Zusammenstoß	❍ Kind stürzt ❍ blutiges Knie ❍ verbeultes Vorderrad

4 *So könnte deine Lösung aussehen:*

Autofahrer übersieht Schülerin beim Rechtsabbiegen

Am gestrigen Morgen, kurz vor halb acht, kam es an der Kreuzung vor der Schule zu einem Zusammenstoß zwischen einem Auto und einer Schülerin, die auf dem Fahrrad unterwegs war. Die Schülerin fuhr ordnungsgemäß auf dem Radweg und wollte gerade die Kreuzung überqueren, als ein Autofahrer, ohne auf den Verkehr zu achten, rechts abbog und mit dem Mädchen zusammenstieß.

Die Fahrradfahrerin stürzte, zog sich aber glücklicherweise nur eine Schürfwunde am Knie zu. Zudem wurde das Vorderrad des Fahrrads stark beschädigt.

Seite 79

2 und 3

So könnte deine Lösung aussehen:

↗ s. Tabelle unten

4 *So könnte deine Lösung aussehen:*

Schülerin auf dem Heimweg bestohlen

Am Dienstag letzter Woche wurde der Schülerin Jana G. an der Bushaltestelle vor der Kästner-Schule ihr Portmonee gestohlen.

Das Diebstahlopfer stand gegen 14:00 Uhr zusammen mit anderen Schülerinnen und Schülern ihrer Schule an der Bushaltestelle und wartete auf den Bus, als drei Mädchen aus der Nachbarschule hinzukamen. Laut Zeugen-aussagen pöbelten die drei Mädchen dort zunächst herum, warfen sich dann jedoch einen kurzen Blick zu, rissen Jana G. ihr Portmonee aus der Hand und rannten davon. Obwohl Jana G. noch zwei Schüler aus ihrer Schule zu Hilfe kamen, konnten sie den Diebstahl nicht verhindern.

Jana G. meldete den Unfall zunächst bei der Schulleitung ihrer Schule. Diese schaltete die Polizei ein, der es bereits nach kurzer Zeit gelang, die drei Mädchen zu fassen. Das gestohlene Geld und die Busfahrkarte hatten die Täterinnen noch bei sich. Obwohl sie die Tat bereuten und Jana G. mit einer Entschuldigung ihr Portmonee zurückgaben, müssen die drei noch mit weiteren Konsequenzen rechnen.

Einleitung *Wer? Was? Wann? Wo?*	Hauptteil *Wie? Warum?*	Schluss *Mit welchen Folgen?*
○ Jana ○ drei Mädchen aus der Nachbarschule ○ Portmonee gestohlen ○ ungefähr 14:00 Uhr ○ Bushaltestelle	○ drei Mädchen pöbeln rum ○ andere Schüler/innen versuchen zu helfen ○ stehlen Portmonee und rennen weg	○ Meldung bei der Schulleitung ○ drei Mädchen werden von Polizei gefasst ○ geben Geld zurück und entschuldigen sich

Tabelle zu Seite 79, Aufgaben 2 und 3